マンガでわかる

赤ちゃんができたら知っておきたい教育資金の本

保険ソクラテス編集部 著

C&R研究所

■本書の内容について

- 本書は2019年9月現在の情報で記述されています。
- 本書は執筆時現在の法制度を前提として解説しており、各種制度は今後改定になる可能性がある点、ご了承ください。
- 本書は著者・編集者が実際に調査した結果を慎重に検討し、著述・編集しています。ただし、本書の記述内容に関わる運用結果にまつわるあらゆる損害・障害につきましては、責任を負いませんのであらかじめご了承ください。
- 本書に登場する個人・団体は実在のものとは何ら関係ありません。

●本書の内容についてのお問い合わせについて

この度はC&R研究所の書籍をお買いあげいただきましてありがとうございます。本書の内容に関するお問い合わせは、「書名」「該当するページ番号」「返信先」を必ず明記の上、C&R研究所のホームページ(http://www.c-r.com/)の右上の「お問い合わせ」をクリックし、専用フォームからお送りいただくか、FAXまたは郵送で次の宛先までお送りください。お電話でのお問い合わせや本書の内容とは直接的に関係のない事柄に関するご質問にはお答えできませんので、あらかじめご了承ください。

〒950-3122 新潟県新潟市北区西名目所4083-6
株式会社 C&R研究所　編集部
FAX 025-258-2801
『マンガでわかる 赤ちゃんができたら知っておきたい 教育資金の本』サポート係

はじめに

本書は、保険をわかりやすく解説する情報サイト『保険ソクラテス（https://hokensc.jp/）』編集部による「マンガでわかる」シリーズの第2弾です。漫画とテキストを1セットとし、漫画ではその章の主題全般を、その後のテキストでは細部を解説、という構成にしています。

キャラクター設定などの世界観は第1弾を引き継いでいますが、前作をご覧になっていない方でも楽しめる内容になっていますのでご安心ください。基本的には、現代に転生した「ソクラテス」ならぬ「ソクラ哲」が、面倒くさい持論や人を小馬鹿にしたような物言いで相手をやり込めるものの、そこにはある種の気づきや納得感があり、物事を考えたり調べ直したりするきっかけになる、という展開になっています。

◆新米ママ・パパのお悩み第1位は教育資金の準備？

保険を専門とする私たちですが、サイトを通して頂くご質問やご相談の内容は幅広く、また関心を集めるコンテンツも保険とは直接かかわりのないものも多いです。なかでも熱心に見てくださっているのが教育費関連のページで、たくさんの新米ママ・パパが教育資金の準備に不安を抱えていることがわかりました。それは編集部主催の教育資金セミナーや座談会を通しても実感したことから、「今作は子育て世帯の皆様のお役に立てるような書籍を作りたい！」と筆をとった次第です。

◆教育資金が不安な理由はとてもシンプル

編集部にお寄せいただくメールや、実際にお会いして頂戴するご質問には共通している点が多いです。たとえば、「子供が何歳までにいくら貯めないとダメ？」「うちの世帯年収でも大丈夫？」「学資保険はどれに入ったほうがいい？」などなど。こうしたお悩みは、教育資金という「敵」をご存知ないことによる漠然とした不安と言え、本書はまさにそういう方々に安心していただくための本と言っても過言ではありません。

というのも、小学校から私立への進学を希望するようなご家庭でない限り、「敵」は大学時代の資金だけと言えるからです。この大学資金は国公立に進んでも500万円ほどが相場ですが、子供が小さな頃からコツコツ貯金していけば自然に貯まるくらいの額で、そこまで恐れる必要はありません。

「そんな余裕すらない…」と頭を抱える所得のご夫婦や、シングルマザー・ファザーもおられ、確かに厳しい面もあるでしょう。しかし、そうした方々を対象とした公的支援制度は手厚く整備されつつあります。2019年5月10日に成立した「大学等修学支援法」もその一つ。該当する世帯は授業料や入学金が免除されるのですから、（あえて極端なことを言うと）低所得世帯のほうが得をする面もあるくらいです。

とにかく、ご安心ください。教育資金という「敵」を知り、早い時期から適切な対策を講じれば、世帯年収が少ないご家庭でも十分に勝機はあります。教育資金の準備について、本書が前向きな一歩を踏み出すきっかけになれれば幸いです。

最後に、本書の出版を許諾してくださった株式会社C&R研究所代表取締役・池田武人様、西方洋一様をはじめ編集部の皆様、コラムの執筆ならびに監修をお引き受けくださった吹田朝子様、豊田眞弓様、そして、弊社サイト「保険ソクラテス」に多数のご意見をお寄せくださった皆様にお礼申し上げます。誠にありがとうございました。

2019年9月

保険ソクラテス編集部

登場人物紹介

ソクラ哲

『ソクラ哲の子育て相談室』室長。2000年の時を経て転生したソクラテスの生まれ変わり。哲学に没頭したことから育児参加が不十分だった前世を反省し、現世では教育資金に悩む親世代を無償でサポートしている。苦労をかけた妻・クサンティッペには頭が上がらない。

イロハ

ソクラ哲を師と仰ぐ助手。社会制度や金融商品に関する知識を活かして相談者をサポートするも、やや天然気味で配慮に欠ける言動も見られる。

クサンティッペ

ソクラ哲の妻。育児に非協力だった亭主に不満を持ち、現世でも根に持っている。カッとなると尿瓶に入った尿を浴びせてくる。

プレママ

教育資金の準備に怯えるプレママ。夫婦の世帯収入に不安を感じながらも、具体策は特に講じていない。

プレパパ

教育資金の準備に関心の薄いプレパパ。教育資金くらい「どうとでもなる」と思っている節がある。

CONTENTS

CONTENTS

実践編①

貯蓄の前に改善しておくべき節約のココロ……………95

CONTENTS

プロローグ
教育資金に怯えるのは敵を知らないからである

＊あらすじ＊

子供の教育資金が心配でたまらない妊娠6カ月の女性。ところが、ふらっと立ち寄ったとある子育て相談室で、「教育資金の準備に怯える理由はない」と一蹴される。1人につき1,000万円はかかるとされている教育資金が、どうして恐れるに足りないのか？　にわかには信じがたい主張を展開する相談員・ソクラ哲とイロハの話に耳を傾けてみると……。

プロローグ
教育資金に怯えるのは敵を知らないからである

すみませ〜ん
大学費用〜……
教育資金
学資保険
助手 イロハ
やっぱり帰ろ……
あっ いらっしゃいませ〜！
ぎくっ
初めての方ですね！
大歓迎です！
タタタッ
なんでもご相談ください
ええぇ
じゃあちょっと教育資金について……

プロローグ
教育資金に怯えるのは敵を知らないからである

ソクラ哲と申します
まずはじめに言っておきましょう
奥様は一人ではありません
「時間」というたいへん頼もしい仲間がともに戦ってくれるんです
キリッ
室長　ソクラ哲
この人が2000年の？
時間？
『塵も積もれば山となる』と言うでしょう
その子がお生まれになって大学に入学するまでの18年間！
約6500日!!
158000時間!!

あなたは最低限のルールを守るだけで
自動的に200万円も貯金できるのです！
そう 大学の初年度費を賄えるほどにね
……
ただとしても全然足らないじゃないですか
心配いりません
教育資金という生き物は一度に全力で襲ってきたりしません

活発になる「時期」があるんです！
ヒャッハ
教育資金
ッ
そのあたりはこれからゆっくりとお話していきましょう
えぇぇ
それと！大切な心構えがあります
もし 教育資金の準備に限界を感じた場合…
限界を感じた場合…？
ゴクリ…

プロローグ
教育資金に怯えるのは敵を知らないからである

まったく
君は伝え方が
極端なんだよ
奥さん
カチャ
無理のしすぎは家族の幸せに
つながらないという意味ですよ
教育資金を
優先しすぎるあまり
住宅予算を削ったり
過度な
節約をしたり
自分たちの老後資金を
おろそかにしたり…
それで本当に
家族が笑顔でいられる
のでしょうか?
豊かな子育てとは
潤沢な資金がなくても
可能だと我々は考えています
……!

プロローグ
教育資金に怯えるのは敵を知らないからである

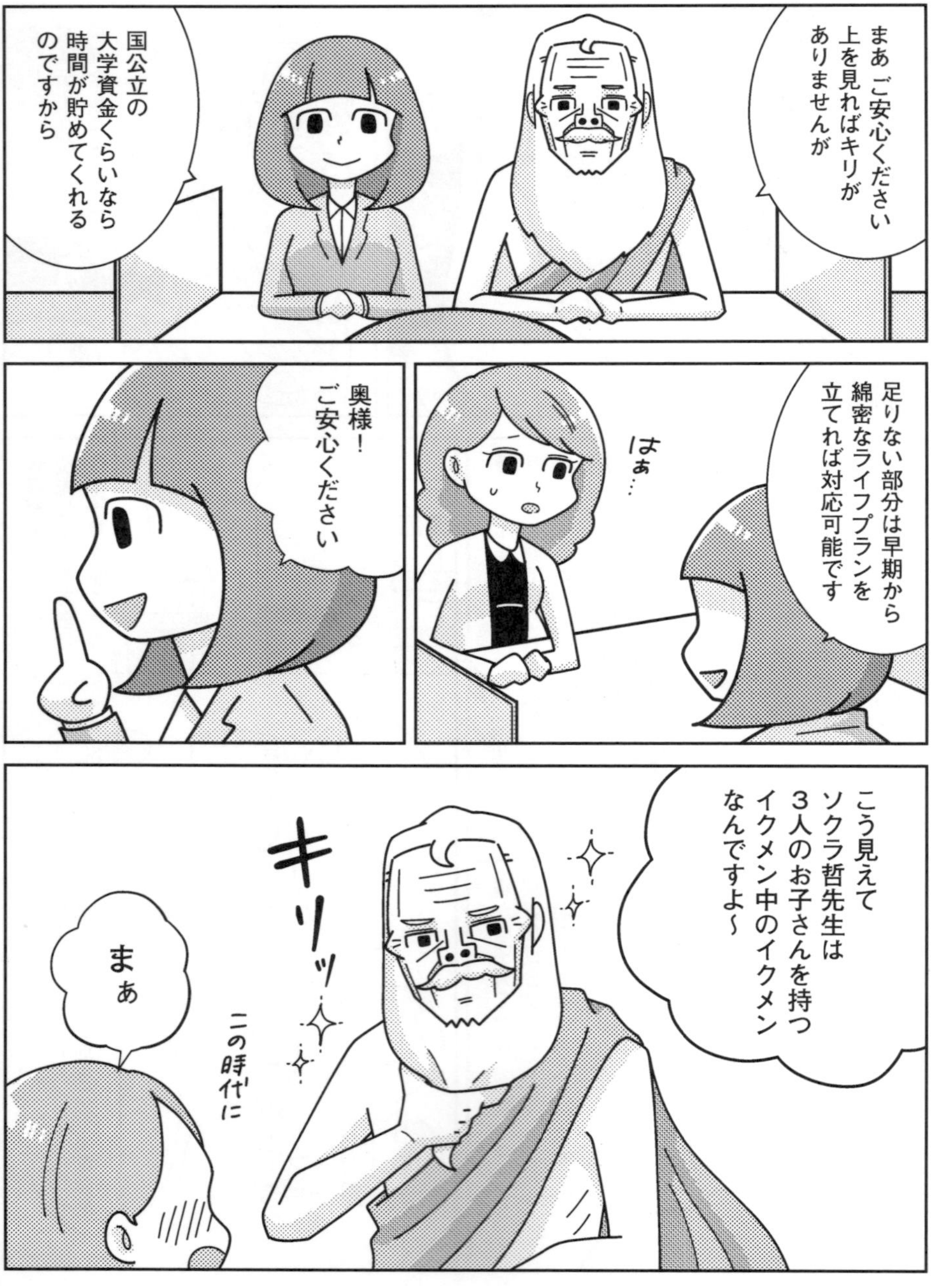

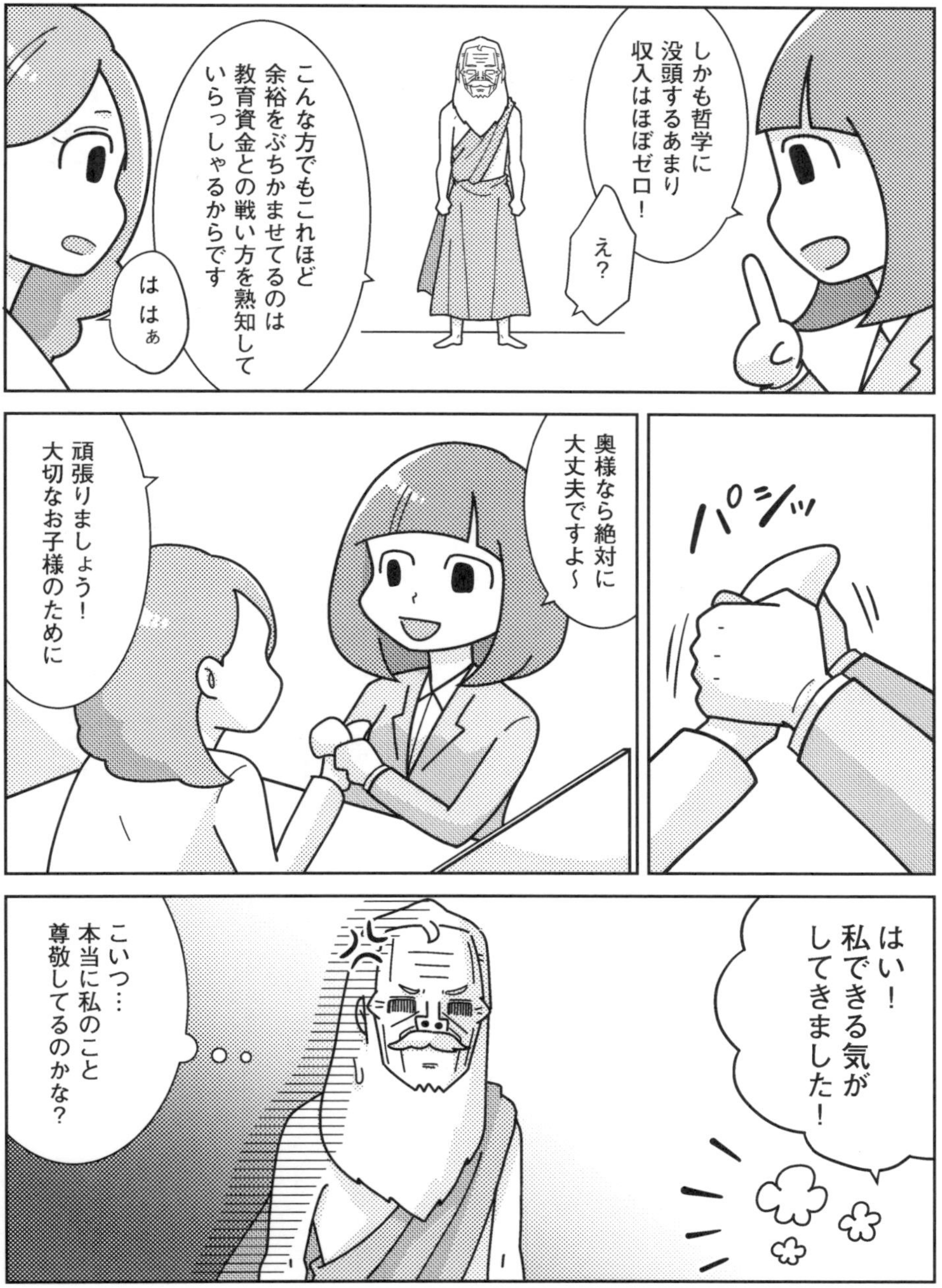
しかも哲学に没頭するあまり収入はほぼゼロ！
え？
こんな方でもこれほど余裕をぶちかませてるのは教育資金との戦い方を熟知していらっしゃるからです
ははぁ
パシッ
奥様なら絶対に大丈夫ですよ～
頑張りましょう！大切なお子様のために
はい！私できる気がしてきました！
こいつ…本当に私のこと尊敬してるのかな？

Commentary 解説

時間という最大の味方がいるじゃないか

はじめに誤解のないように言っておきますが、子供の教育に大金がかかるのは事実です。義務教育から私立に通わせると2000万円超にもなりますし、すべて国公立でも1000万円弱は見ておく必要があります。つまり、巷の噂は大袈裟な話でもなんでもないのです。にもかかわらず、どうして世帯年収に不安を抱える家庭でも心配しなくていいと主張するのか？　それは、出産前から一つの対策を講じておくだけで、教育費のピークである大学入学年度さえ、難なくクリアできてしまうからです。

児童手当だけで難なく約2000万円ゲット

もうおわかりですね。答えは児童手当です。制度についての詳細は後述しますが、生まれた翌月から3歳未満は毎月1万5000円、3歳から15歳の中学校卒業までは毎月1万円受け取れます（2019年度水準）から、これをまるまる貯金するだけで約200万円も貯めることができます。これは国立大学なら4年間の授業料に相当する金額です。

児童手当を活用する鉄則はたった2つ。さかのぼっての申請はできないため、子供が生まれたら速やかに手続きを済ませることと、「今月は頑張ったご褒美♡」などの意志薄弱な理由で手を付けないことです(児童手当で焼き肉に行っちゃった♡なんて方、結構いらっしゃいます。本当に余ったお金なら、もちろん好きに使ってOKですよ)。

月1万円貯金だけでも200万円以上貯まる

申請するだけで貰える児童手当は、それ単体で見ると雨水のような金額ですが、15年間という年月を味方につけるだけで石をうがつ力を持つことがわかりました。

同じことは自分でもできますよね。少額

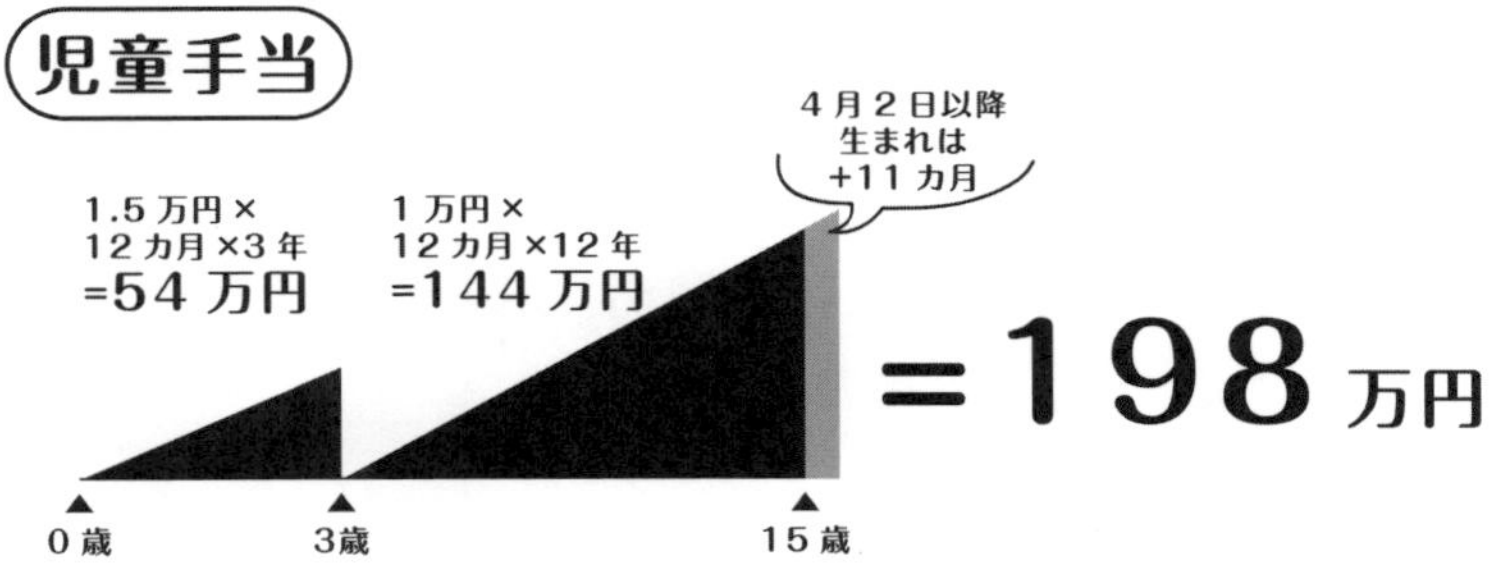

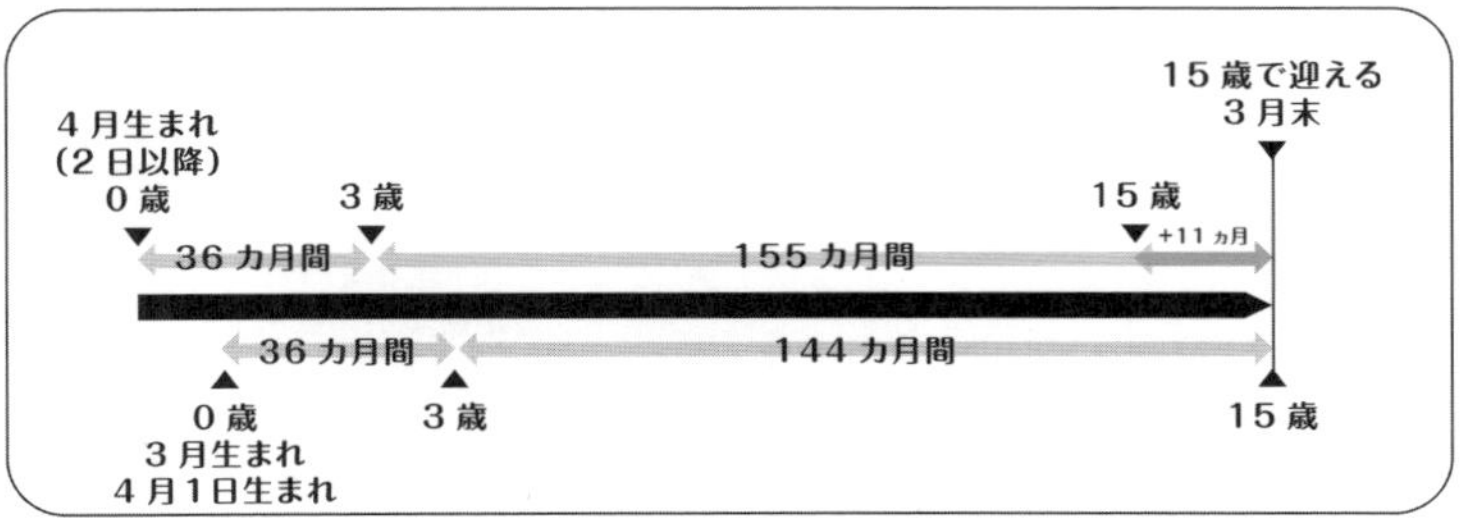

でもいいので、毎月コツコツ貯めるしくみを構築すればいいのです。0歳から高校卒業までの18年間貯め続けると、月5000円でも108万円、1万円だと216万円、1万5000円なら324万円にもなります。間を取って1万円の216万円だとしても、児童手当の約200万円と合わせて約400万円。私立大学（文系）4年間の平均授業料をクリアできてしまいます。

だったら資産運用は必要ない？

教育資金の貯め方についてよく頂く質問の一つに、「資産運用を始めたほうがいいですか？」というものがあります。コツコツ方式では限界のある部分を運用で増やす考えには大賛成ですので、両方を組み合わせ

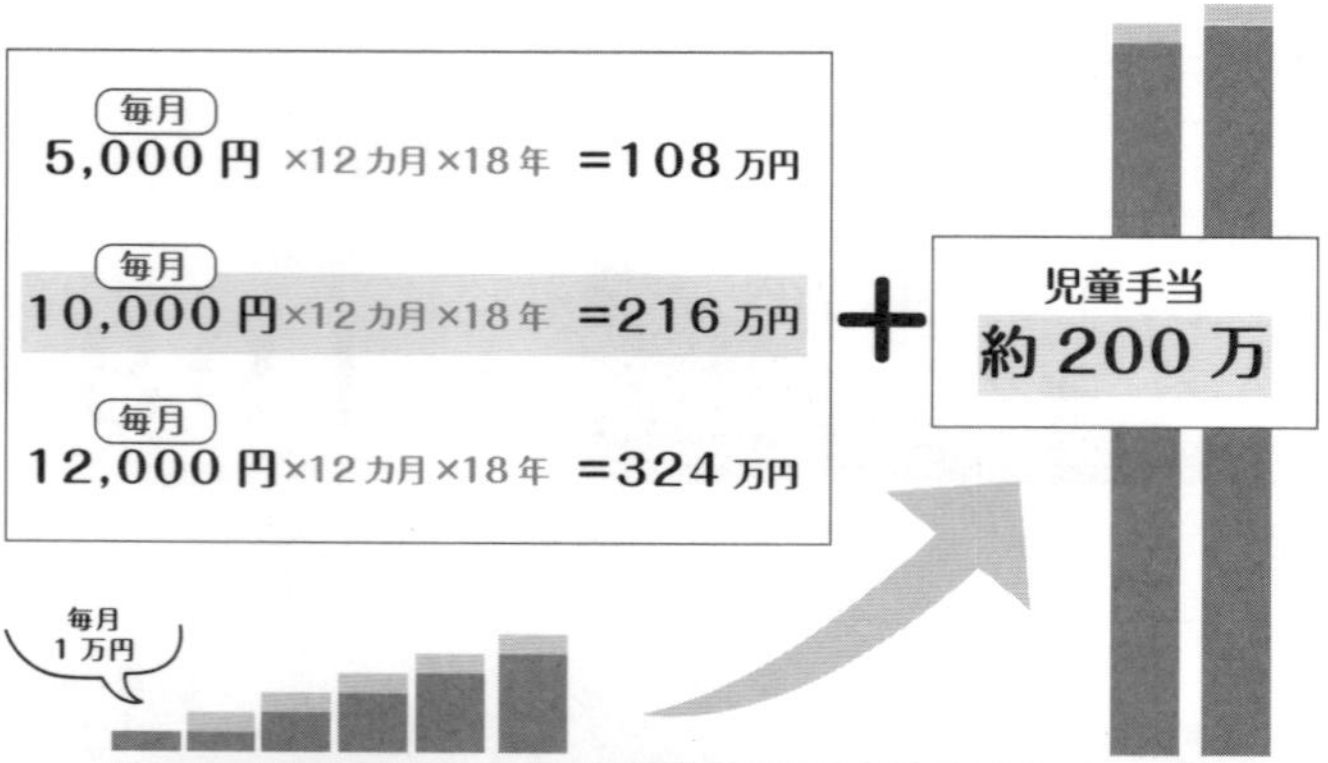

私立大学 4年間の授業料※

毎月1万 216万円 ＋ 児童手当 200万円 ＝ 416万円

※出典：文部科学省「私立大学等の平成29年度入学者に係る学生納付金等調査結果について」

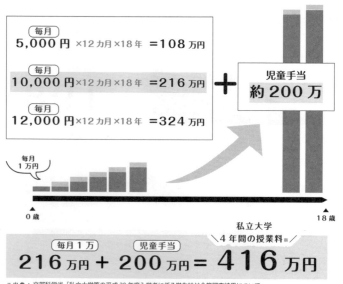

て準備するといいでしょう。

ただし、軸となるのはやっぱりコツコツ貯金です。

教育資金という、「いつか必要になることがわかっているお金」は、リスクとリターンが表裏一体の金融商品より、年月をかけて手堅く積み上げていく方式のほうが適しています。

気が滅入るのは総額で考えるから

意外に多いのは、1000万円レベルのお金を総額で捉えている方です。気持ちはわかりますが、ストレスになるだけですので、「毎月の負担」に頭を切り替えましょう。

するとどうでしょう。詳細は別の章で後述しますが、教育資金の負担が重くなる中学・高校時期でも、月々の収支のなかで3〜4万円ほど確保できればOKという計算が成り立ちます。いかがでしょうか？　総額1000万円はしんどいけど、高い時期でも月3〜4万円なら、少し工夫すれば捻出できる額に思えないでしょうか。

出産前のゆとりある時間も強い味方

初産の方は想像しにくいかもしれませんが、産後というのは何かとあわただしく物事が動きます。はっきり言って余裕がなくなります。我が子の教育資金をはじめとする遠い未来のマネープランより、今、目の前の問題を処理することでいっぱいいっぱいになってしまう新米ママ・パパをたくさん見てきました。

一方、出産前は、今こうして本書を手にとってくださっているように、人生でも比較的ゆとりある時間を確保できる時期だと思います。この時間を有効活用しない手はありません。余裕のあるうちに教育資金という「敵」の下調べをしておきましょう。

たとえば、教育資金には「貯め時」と「かかり時」があり、この時期を計画的に乗りきれるかどうかで余裕のあるなしが変わってきます。データで明らかになっているそれらの特性を把握し、理想を現実にするためのマネープランを形にするなら、「今」が圧倒的に有利です。

誰もがおちいる「タラレバ教育費」？

我が子の進学マネープランを練るにあたり、新米ママ・パパがよく迷い込むルートがあります。習い事の費用を青天井で想定する「タラレバ教育費」です。「ピアノを習いたいと言いだしたら」「野球の才能があって私立の名門チームに入ることになったら」「海外留学させることになったら」……などなど、未定でしかない費用を必要経費のように考えてしまうのです。

世帯年収1000万円以上など、手取り額に余裕があるにもかかわらず貯蓄がままならないご家庭は、この「タラレバ教育費」におちいっているケースが少なからずあります。つまり、「かけるお金」と「かかるお金」の違いに目を向けず、両方とも教育費という費目でじゃぶじゃぶ消費しているから苦しくなるのです。

「かかるお金」は学校教育費だけ

子供の可能性を広げてあげたいという気持ちはよくわかりますし、教育資金の目標金額はマックスを目指して貯めるべきだとも思います。しかし、お金をかけることと子供の能力向上は必ずしもイコールではないため、「かかるお金」と「かけるお金」は区別しなければいけません。

義務教育から大学卒業までをゴールとするなら、かかるお金はそれぞれの入学費用や授業料といった学校教育費だけです。進学ルートによって負担額は違うものの、自宅通学を前提とするなら、最低その部分を用意できればセーフと言えるでしょう。

そして、教育費がピークとなる大学時代は、0歳時からのコツコツ貯金で貯まる約400万円があることを思い出してください。高校時代までの教育費は月々の収支から捻出するのが基本ですので、残りの「かかるお金」は、収入が許す範囲で対応すればいいのです。早めにマネープランを練っておけば、決して高い壁ではないと考えます。

「かけるお金」は親のさじ加減ひとつ

習い事に代表される「かけるお金」の考え方もシンプルで、余裕があれば予算を割く、続きそうにないならば縮小、またはばっさりカットする、が基本です。子供の可能性は無限大ですから、望むものなら何でもやらせてあげたいと思うのは親として当然ですが、無い袖は振れません。

もちろん、楽しんで学んでいることを止めさせるのも気の毒なので、習い事は優先順位を決めて1個までに留める、民間の教室ではなく自治体が主催するリーズナブルな教室を検討するなど、子供が納得する代替手段をとることが前提です。

教育費は「聖域」は時代遅れ！

「教育費を節約することに後ろめたさを感じる必要はない」。

こんな発言をすると、「子供の教育費用は惜しむべきではない」と考える親御さんに叱られるかもしれません。しかし、あえて言います。子供の教育費はもはや聖域ではありません。現代の子育て世帯と、30年前の親世代とでは、お金を取り巻く環境がまるで違うと思わないでしょうか。

年功序列や終身雇用が見直され、真面目に働きさえすれば安定的な収入が得られる時代は崩壊しつつあります。30年前、100万円預けると1年後には2万円ほどの利息がついた普通預金の金利は、現在では10円程度しかつきません。かつて教育資金準備の代名詞だった学資保険は、増やすどころか払った総額より受取総額のほうが少ない商品すら見られます。

貯金
預けるだけで
そこそこ増える
○○銀行
会社
正社員なら
定年まで安泰
○○会社
住宅ローン
年功序列の
昇給が前提
35年
給与
給与
30年前の話!!

金利環境については悪い面ばかりではなく、住宅ローンの金利が下がったことによる負担軽減などもありますが、親世代とはいろんな面で様変わりした世の中で暮らす現代の子育て世帯は、子供のために無理をしすぎないという新感覚(なんていうと大袈裟ですが)を持っていただきたいと思います。

親の背伸びが子供に迷惑をかける?

教育費確保のために極端に節約したり、借金したりと無理をしすぎると、親だけでなく、子供まで苦しい思いをする可能性があります。

よくあるのが、老後資金の準備を二の次、三の次に回してしまった結果、成人後の子供を頼ることになるなど、精神的・経済的にわずらわせてしまうケース。子供としては、自分のことを一番に思い頑張ってくれた結果なだけに、やるせない気持ちになるでしょう。

結局のところ、人生の主人公はいつだって自分です。親が子供のために人生を投げうって尽くすというのは、美談でもなければ豊かな子育てとも思いません。子供もプレッシャーを感じるかもしれません。日々の生活や将来の老後資金に支障をきたさない程度で最善を尽くし、お金をかけられない場合はその分寄り添ってあげる、なにか工夫ができないかと代替案を考える、教育費の確保はそうした心構えで臨むほうが健全ではないでしょうか。

お金教育をすれば子供は頼もしく育つ？

子供にお金の話をするのは気が引けるものですが、教育資金の出どころは家族全員の財布なのだと教えましょう。親の財布ではありません。「家族の財布」です。つまり、子供自身は稼ぐことができないけれども、自分も家計の収支に関わっていると認識させることが大切なのです。

遠慮がちな子に育ってしまわないかと不安になるかもしれませんが、将来、倹約家になるか浪費家になるかどうかは、幼少期のお金教育が深く関わってきます。家族の財布からどのようにお金を使えば、自分が、ひいては家族が幸せになれるかを考えさせるのは、お小遣いのやりくりと共に学ばせるべきだと考えます。

安心してください。子供は親が思うよりも頼もしく、切り替えも早いものです。自分の教育費が予算オーバー気味だとわかれば、国公立に進めるよう頑張るなど、自立心が芽生えるものです。

以上がプロローグでお話したかった、教育資金に怯えなくてもいい理由です。決して軽い負担ではありませんが、家族が一丸となり、明るく、楽しく、計画的に対策すれば十分に対応できるものだと思います。

500
Family

計画編①
ライフプランを制する者が未来を制す

＊あらすじ＊

教育資金について本格的なレクチャーに入るソクラ哲とイロハだったが、相談者が持ってきたライフプランを見て絶句。それは「ノープラン」と言われても仕方がない能天気なものだった。「そうは言われてもどう計画すればいいかわからない」と訴える夫婦に対し、ソクラ哲が放ったキーワードは…？　ライフプランを作る大切さをソクラ哲が熱弁する!

計画編①
ライフプランを制する者が未来を制す

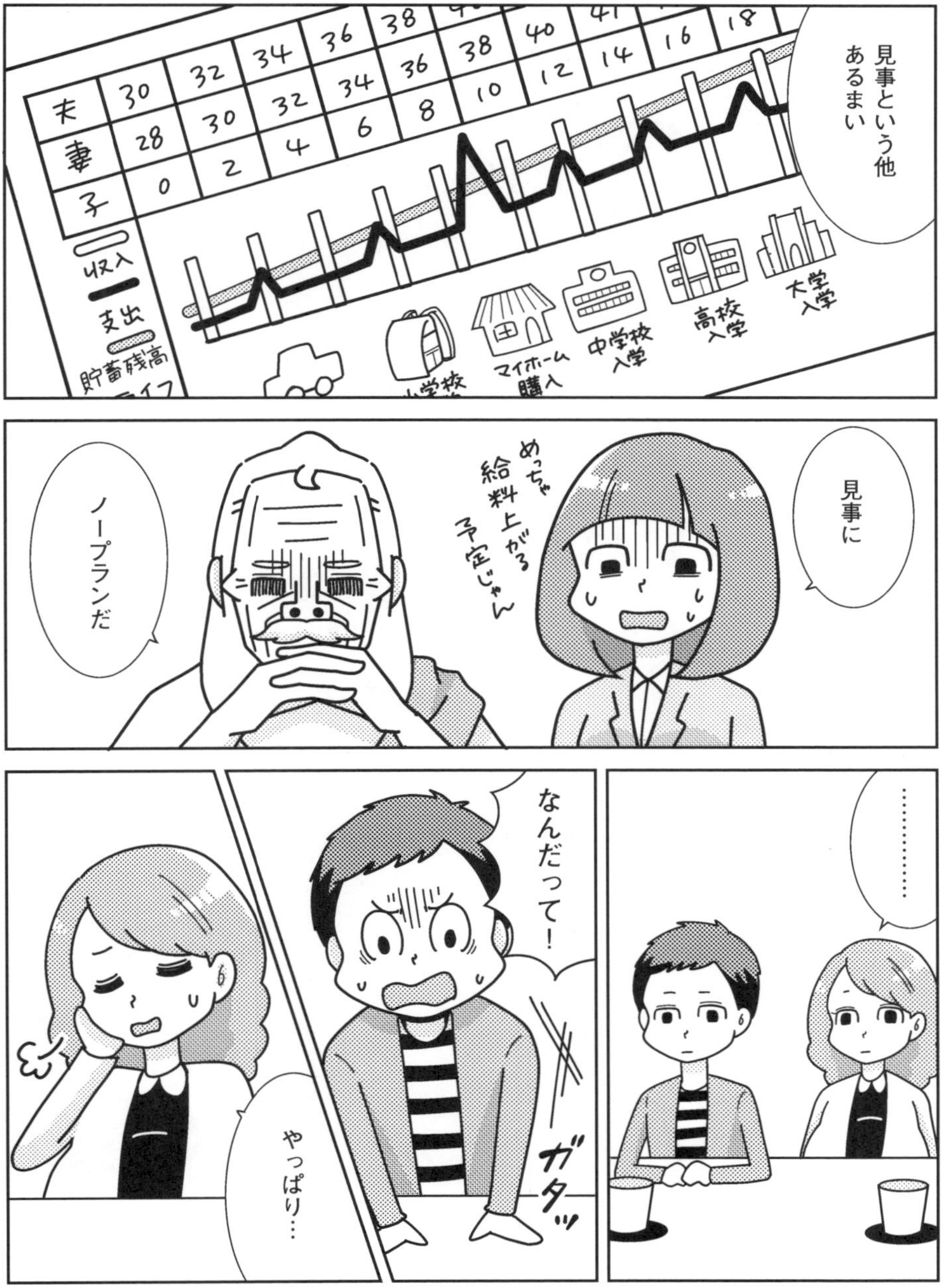
見事という他あるまい
夫
妻
子
収入
支出
貯蓄残高
マイホーム購入
中学校入学
高校入学
大学入学
見事に
めっちゃ給料上がる予定じゃん
ノープランだ
…………
なんだって！
ガタッ
やっぱり…

う〜ん…
どうご説明したらいいか…
たとえばそう!
お二人のソレは…
超テキトーな行き当たりばったりのプランで海外の危険地域に出かけるほど無謀なんです
ギャー!!
ここどこ…?
グッ
お二人だけならそういう楽しみ方もあるでしょう
しゅん
しかしお子さんができるとそうもいきませんよ
しゅん

でも 将来どんなことが 起こるかわからないのに 何を基準にどれくらい 貯めればいいか…
簡単なこと
幸せを基準にするのです
しあわせ?
こうしたい こうなりたい という 具体的目的を掲げ
それを叶えるための 毎日を計画するのです

計画編①
ライフプランを制する者が未来を制す

あなた方も
病気
事故
労働環境も
倒産
非正規
早期退職
世の中も
平成
令和
どんな変化が待っているかわからない！
その変化に接したとき その場しのぎで 生きてきた家庭と
ライフプランに立ち戻って 軌道修正できる家庭とでは 大きな差が生まれると 思いませんか？

計画編①
ライフプランを制する者が未来を制す

私の実績かぁ
そうですねぇ
私は――――
結婚
出産
哲学集中
……
民衆を論破
貴族を論破
ゴゴゴゴゴ
DVの日々
ジョボジョボ…
起訴される
毒殺
……
どうかなさいましたか？
いやぁ本当に何が起こるかわからないね
人生というものは
軌道修正できなかった…

Commentary
解説

ライフプランってなに？

ライフプランとは、その名の通り「生活設計」のことです。就職・転職、結婚、出産、マイホーム購入、子供の進学、自分たちのリタイアをはじめ、今後のライフイベント（人生のできごと）やどんな人生を送りたいかをイメージし、具体的に計画することを指します。それぞれに必要な資金も予測し、それをどう準備するのかも含め、最終的には具体的な「マネープラン」に落とし込みます。

このようにして人生の設計書を作ることを「ライフプランニング」と呼びます。ライフプランのベースにあるのはあなた自身の「夢」です。

ライフプランなしでは苦労する時代へ

プロローグの章でも述べましたが、現代の子育て世帯と親世代とでは、お金を取り巻く環境が大きく変わりました。高度経済成長の波に乗り、ライフプランがなくてもお金を回せていた時代は終焉を迎えたと言っていいでしょう。今後はますます少子高齢化が進み、現役世代の負担は増していくと思われます。

見通しが立たない、一つの転換期と言ってよいこんな時代だからこそ、変化に強い家計づくりが大切です。それには必ずライフプランを立て、いつでも確認できる場所に置いておくこと。自分や家族の理想に基づきシミュレーションした未来予想図があると安心ですし、家族で気持ちを共有できるという強みも生まれるのではないでしょうか。

ライフプランにはワクワクを詰め込もう

ライフプランが文字通りの生活設計書になるか、家族に幸福感をもたらすツールに化けるかは、そのプランに「ワクワク」がどれだけ詰まっているかによって決まります。こんな家族になりたい、こんな子に育ってほしい、などの夢や想いが詰まっていれば、その計画に沿った毎日に充実感が生まれると思うのです。

余裕ある教育資金の確保には、踏ん張り時もやってくるでしょう。それでも焦らず、手を取り合いながら過ごすためにも、ライフプランを上手に活用してほしいと思います。

ライフプランが示す未来の明暗

ここで、家族の想いが詰まったライフプランと、漫画に登場した夫婦のような（ちょっと能天気風の)ライフプランがもたらす「格差」についても紹介しましょう。年齢と家族構成はまったく同じ、しかし収入と貯蓄残高が異なる次のような家族がいました。

Aさん一家の年収は、額面とはいえ大台の1000万円。手取りにしても退職金にしてもBさん一家より余裕があり、ゆとりのある資金計画は容易なはずです。ところが、両家の「ワクワク」を詰め込んだライフプランを立ててみると、こんな差が出てしまいました(※昇給は考慮せず試算)。

なんと、Aさん一家は夫が53歳、お子さんが21歳のときに貯蓄が底を付いてしまい、その後3年間は奨学金か教育ローンを利用しないとアウトな想定に。対照的にBさん一家は、住宅取得時に貯蓄残高が200万円まで下がるものの、子供の教育資金には十分に対

A家		B家	
夫	32歳・会社員	夫	32歳・会社員
妻	30歳・専業主婦	妻	30歳・専業主婦
子	0歳	子	0歳
貯蓄残高	2019年頭時点で現預金800万円	貯蓄残高	2019年頭時点で現預金650万円
給与手取り		給与手取り	
夫(65歳定年まで)	年額730万円(ボーナス込額面年収約1,000万円)	夫(65歳定年まで)	年額400万円(ボーナス込額面年収約500万円)退職後:年額120万円(再雇用)
妻	なし(専業主婦)	妻(子4歳～妻60歳まで)	年額120万円(パート)
退職金	65歳時に2,000万円	退職金	65歳時に1,000万円

A 家のキャッシュフロー

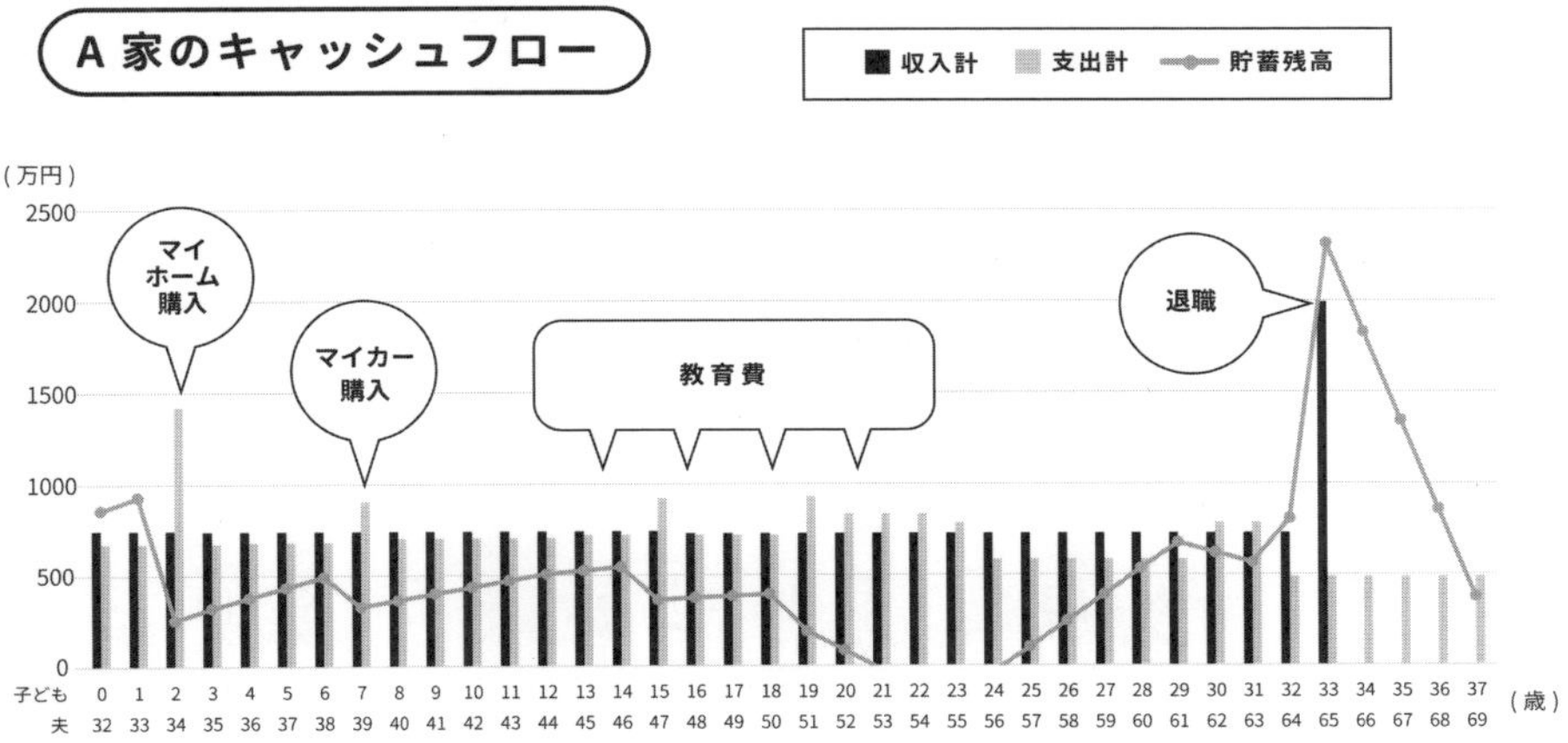

B 家のキャッシュフロー

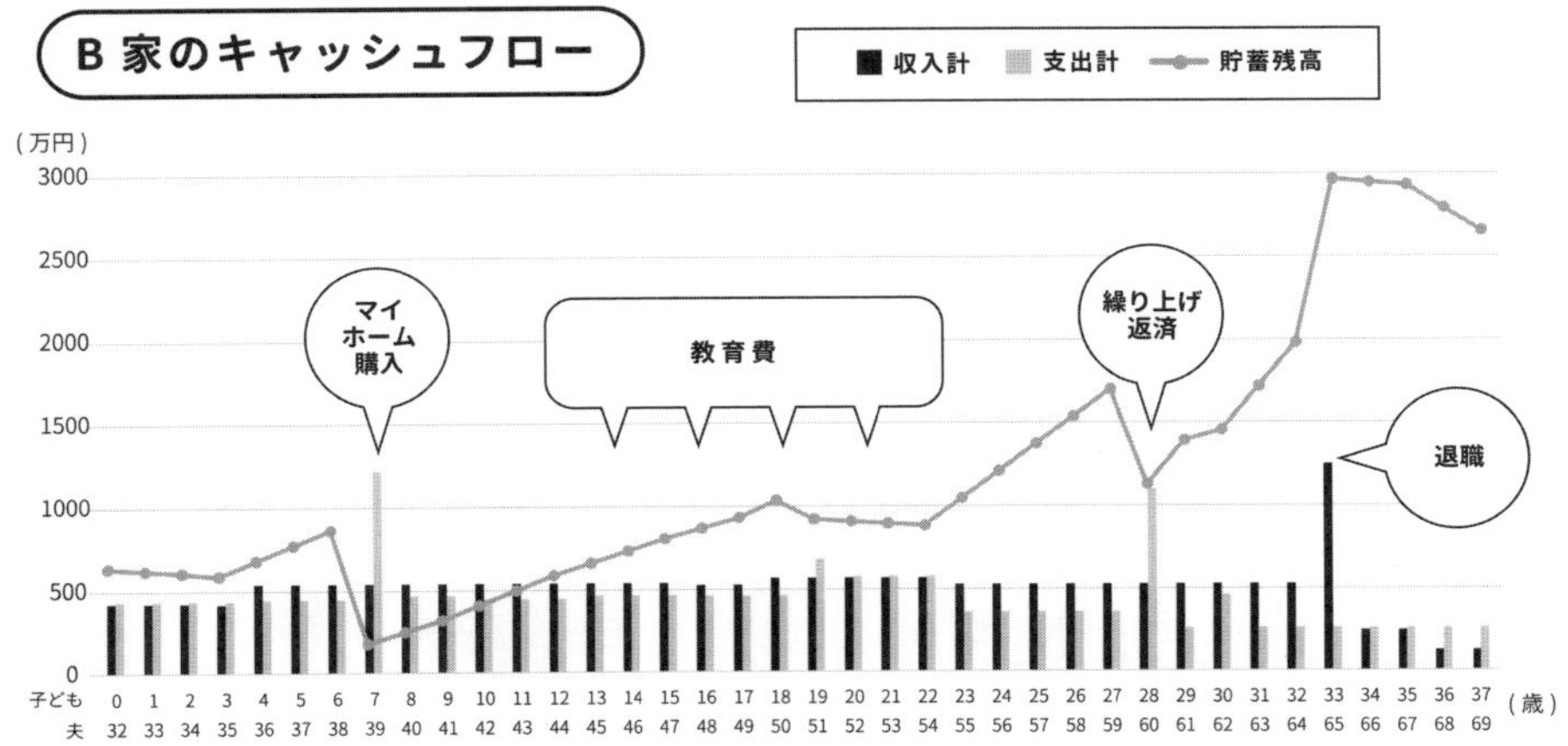

応できる想定になりました。老後資金についても大きな問題は見られません。

要するに、Aさん夫婦は自分たちの収入を過信し、散財体質になっていたのです。子供が生まれても独身時代の感覚が抜けず、タイミングを読まないマイホームやマイカーの購入、年に一度の海外旅行など、消費をメインに盛り込むだけで、収入や資産に無頓着では限界がきてしまいます。

その点、現時点の収入や資産をベースに、将来のイベントもワクワクや大切なことを意識してライフプランニングをしたのがBさん夫婦でした。Bさん夫婦が最も大切にしたのは、「家族全員の安泰」。一つ一つ、小さなことでも喜びを感じ、不自由のない生活が一番だと考えるBさんのライフプランは非常に地に足の着いたものになり、収入の多い・少ないと家計の健全さはリンクしないという事実を改めて認識させてくれるものでした。

以上、少し強引な比較ではありましたが、Aさん夫婦のようなご家庭は決して珍しくありませんし、実際にライフプランを組んでお見せすると驚かれます。この先に起こるイベントと、末永い幸せを意識して計画を練ることで、ライフプランの格差はすぐに解消できます。

戦略的にわかる「貯め時」と「かかり時」

プロローグの漫画でソクラ哲が熱弁した「教育費は活発になる時期がある」というセリフ

を覚えていますでしょうか。これは、子供の成長ごとにかかる教育費を比べてみると明らかです(図1、図2)。

そして、就学前と小学校時代が貯めやすいこともわかりますね。特に就学前は、幼児教育・保育の無償化もあって絶好の貯め時となりそうです。小学校時代も、公立に通えば他の時期より負担は低く、複数の習い事や頻繁なレジャーなど、未来に配慮しない出費に注意すれば貯め時と見なすことができます。

逆に、中学・高校生時代は、生活費が大人なみにかかるほか、塾通い、部活動など子供の活動範囲が広がることもあり、出費が重くなります。大学時代は言わずもがな。これに加え、住宅ローンなど他の必要資金とのバランスも視覚化できますから、貯め

図1. 教育費(年額)

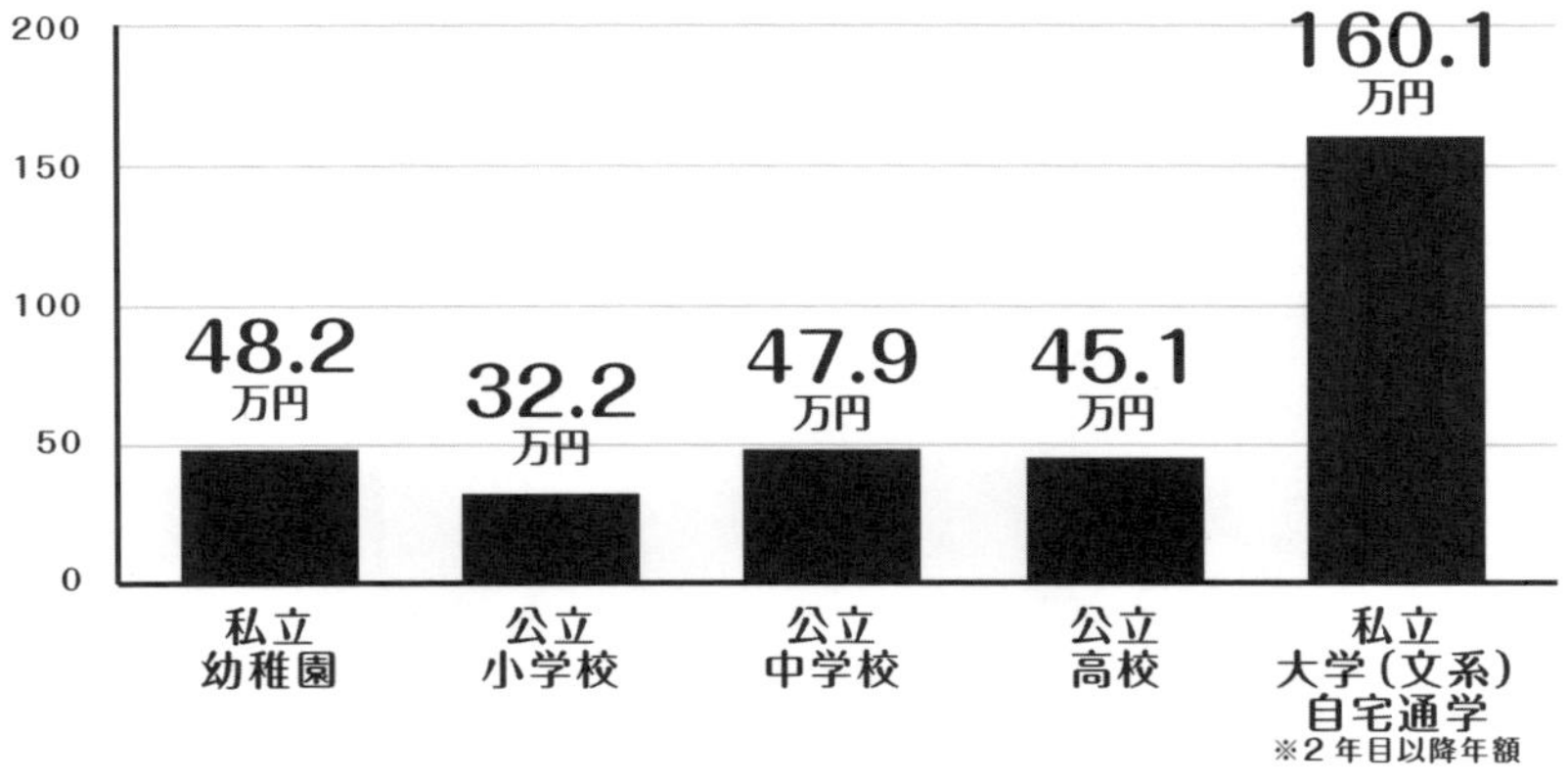

※文部科学省「子どもの学習費調査(平成28年度)」、日本政策金融公庫「平成30年度　教育費負担の実態調査結果」をもとに作成

時、かかり時にふさわしい時期がクリアになります。

お金の使い方が上手くなる

貯め時とかかり時を数字に落とし込むことで、お金の使い方も上達します。将来の収支がざっくりとわかるのですから、子供の成長ステージごとの予算も把握できるようになるからです。

たとえば、中学生以降に貯蓄するのが難しいとライフプランに出ていれば、そこから使ってもいい予算感を導き出せるでしょう。中学生以降の塾や習い事はもはや必要経費のように思い込んでいるご家庭が多いで

図２．人生の貯め時

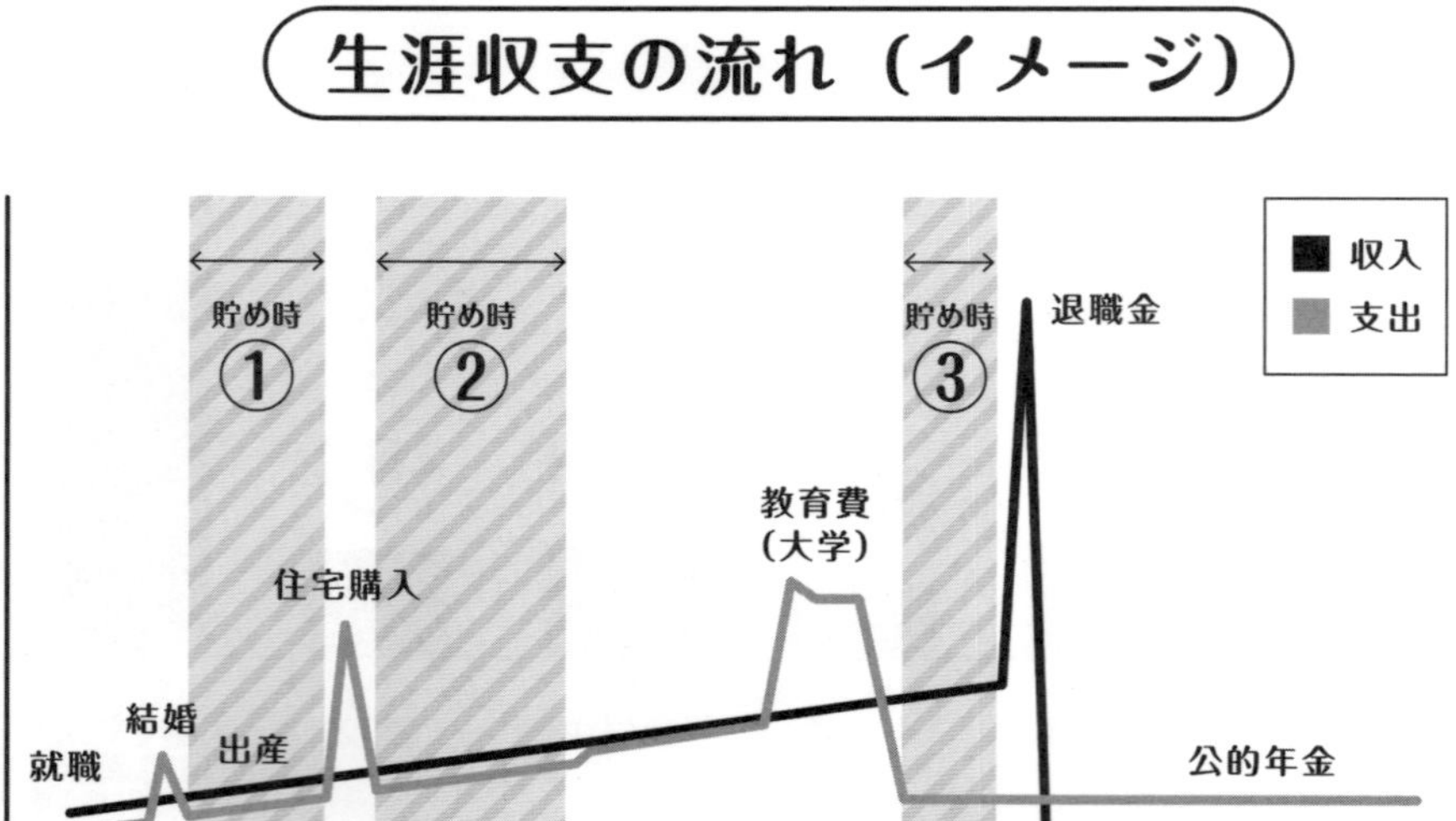

すが、「かかるお金」ではなく「かけるお金」ですので、予算の上限を超えていれば予算内で代替案を考えるか、行かせてあげられるだけの世帯収入を実現するしかありません。「皆が行っているから」と周囲に流されて塾や習い事に行かせるなどという判断は厳禁です。

このように、かけるお金の工夫の仕方についても考えるきっかけにすることができます。

家族でワクワクが膨らむ

各年の貯蓄金額がわかり、余剰金も予測がつくため、自由に使えるお金でやりたいことや、そのタイミングがわかる点もメリットです。家族旅行、車の買い替え、趣味への出費…などなど、夢が膨らみますね。

なお、余剰金なんて出ないほどカツカツのライフプランができあがった場合は、無理をしすぎですので、修正することをおすすめします。幸福感をもたらすツールどころかストレスのもとになり、子供はそれを敏感に感じ取ります。

「こんなはずじゃなかった」の回避&リカバリー

完璧な計画を立てたと思っても、予定通りいくとは限らないのが人生です。ありがちなのが住宅取得時の予算オーバー。家族の一生の住まいですから、できるだけ妥協したくないというお気持ちはわかります。予算オーバーだとわかっていても、住宅ローンの試算額だけを見ていると、「月々これくらいのアップならなんとか…」「繰り上げ返済もできそうだし…」など気持ちが揺らぐ方が少なくありませんが、必ずどこかにしわ寄せがきます。

そんな落とし穴も、もう一度ライフプランを見返すだけで回避可能です。そこには住宅費用だけでなく、他のライフイベントにかかる費用もシミュレーションしてありますから、それらとのバランスを考えればブレーキを踏むことができるでしょう。

それでも住宅費用を優先したい場合は、世帯収入を増やすか、他の予算を削る、または縮小する必要があり、再びライフプランとにらめっこすることになります。このように、「こんなはずじゃなかった」に備える手段として、ライフプランは非常に役立ちます。

仮に、いっときの迷いなどでライフプランから逸れたとしても、基となるものがあれば、どこで踏み外したのか、どのようにすれば将来の必要な貯蓄を守れるのか、リカバリーの対策が立てやすいのもメリット。病気や事故など突発的な支出で困ったときも同じです。むしろ定期的に見直したほうが精度の高いライフプランができあがるので、その意味でも、一度ライフプランを作っておくと後々便利です。

教育哲学が決まるきっかけになる

教育資金は進学プランによって大幅に上下するため、親は万一を想定してできるだけ多めに貯めておくのが理想ですが、もちろん限界はあります。そこで大切なのが、無い袖は振れないとして、だったらどうするのか、その教育哲学ともいえる方針を決めておくことです。方針の中身はいろいろでしょう。たとえば、大学時代の資金として親は300万円は出すけれど、足りない分は奨学金を利用して子供本人が支払う（返す）など、〝親子共同戦線〟を検討するなどです。

子供に家計の実情を共有するなど、金融教育に力を入れるのも一つの手です。親の懐事情に無頓着でなく、両親からの愛を感じている子供なら、限られた選択肢の中からベターな道を探してくれるでしょう。

反対に、資金計画に余裕のあるライフプランができても、教育費を多くかければよいというわけではありません。子供のためを思って通わせていた習い事が、実は子供にとってストレスで、何年も通っていたのにモノにならなかった、という話もあります。親の押しつけがNGなのは当然として、子供の興味本位の「やりたい」を全部叶えてあげるのも不要。

子供が本当にしたいことは何か？　それはお金をかけてまでやらせることなのか？　ライフプランは、こうした方針を決めるきっかけにもなります。

ライフプランの立て方は、まず夢を描くこと！

では、具体的なライフプランを立てる前に、やっていただきたいことがあります。それは、「夢」を書き出すことです。「ライフデザイン」ともいいますが、「将来どんな生活を送りたいか」をイメージし「構想」するのです。このライフデザインをより具体化し、計画したものがライフプランになります。

さあ、ご夫婦の夢は何でしょうか?

「これだけは叶えたい」というものを話し合って、思いつく限り書き出してみましょう。ピンとこない方のために、下のシートにいくつかテーマを並べておきますので、それぞれについて考えてみてください。

次に、漠然としたヴィジョンで結構ですので、「こうなっていたい」という未来の家族の様子を想像してみてください。

10年後、20年後の家族のイメージを描きましょう。文字ではなく、絵を描くのも効果的です。「子供は小学6年と3年。マイホームも買って家族で幸せに暮らしている」なんてイメージでもOKです。

夫婦の夢は?

○家族に関する夢(子供の教育など)

○仕事に関する夢

○趣味・健康に関する夢

○その他の夢

未来の夫婦や家族のイメージ

○10年後

○20年後

ライフプランを立てましょう

ライフデザインを描いたところで、今度は具体的にライフプランを立て、「計画」に落とし込みます。ライフプランは「未来年表」とも呼ばれますが、言ってしまえば、夢に日付を付ける作業です。あとから書き直しもできるので、あまり深刻に考えすぎずに書いてみましょう。

前項でも聞きましたが、未来に関して次のような点を押さえつつ、プランニングしましょう。

- 子供はあと何人？　いつ頃？
- 子供の進路はどうする？
- マイホームを買う？　いつ頃？
- マイカーがある場合は買換えタイミング
- 夫婦の子育て期の働き方は？
- 転職なども含めたキャリアプラン・資格取得など
- 家族のレジャーで大きめのものは？
- 夫婦それぞれの記念日や趣味に関するものなど

年度		2019	2020	2021	2022	2023	2024	2025	2026	2027	2028
年齢	夫	31	32	33	34	35	36	37	38	39	40
	妻	29	30	31	32	33	34	35	36	37	38
	第1子		0	1	2	3	4	5	6	7	8
	第2子				0	1	2	3	4	5	6
ライフイベント		結婚、引越し	第1子誕生。妻育休	妻復職子ども保育園	第2子誕生。妻育休	妻復職子ども保育園	住宅取得			第1子小学校	家族で海外旅行

※表1　ライフプランの例

このときに、「予算」についても書き出す必要があります。厳密なものでなくて結構ですので、予算についてもメモをしておきます。教育資金の相場については（順番が前後しますが）次章の「計画編②」を、他のかかるコストで不明なものは、金融広報中央委員会『知るぽると』などを参考にするといいでしょう。

いよいよキャッシュフロー表づくり！

「キャッシュフロー表」とは、10年、20年などの長いスパンで、入るお金と出て行くお金、それによる貯蓄残高の推移を見るものです。収入や支出、貯蓄などのデータのほか、ライフイベントごとにかかる費用などを入力すると、将来の貯蓄残高の推移がどうなるのかがわかります。

ライフプランまでできていれば、キャッシュフローづくりの半分は終わったようなもの。具体的な収入・支出を入れ込む作業はなかなか大変ですが、頑張って作成してみましょう。

キャッシュフロー表のベースは、エクセルなどで一から作成する方法もありますが、ネット上にアップロードされているテンプレートを使ってもいいでしょう。

本書編集部でも作成していますので、よろしければぜひご活用ください。簡単に入力できると思います（https://hokensc.jp/soudan/kodomo/booktokuten.html）。

作業の順番としては次の通りです。

❶年度を入力(初年度だけ入力すれば自動入力)

❷家族の名前を入力

❸家族の年齢を入力(最初の年齢だけ入れます)

❹ライフイベントを記入(子供の誕生・進学・就職・結婚、夫婦の転職・定年・定年後の働き方、住宅取得、車の買換え、耐久消費財など大きな買い物、家族旅行、その他)

ここまでは、前項のライフプラン作りでほぼ完成していますね。次に行ってみましょう。

❺夫婦の収入(手取りで。上昇率も想定)

❻夫婦の退職金・年金(予測額)

❼その他収入があれば項目を増やして入力(児童手当、住宅ローン控除、保険の満期金、親からの贈与ほか)

❽支出~日常生活費(住居費と車、保険料、教育費以外の支出)

❾支出~住居費(家賃、住宅ローン、固定資産税・管理費、頭金、借地なら借地料、リフォーム費用など)

❿ 保育料・教育費（目安額は計画編2を参照）

⓫ 生命保険料

⓬ 特別支出（交際費やレジャー費、家電の買換えなど）

編集部作のダウンロード版であれば、年間収支や貯蓄残高は自動計算になっています。なかなか大変ですが、入力部分はしっかり入力しましょう。

キャッシュフロー表は、自分だけで作ろうと思うと行き詰ることもあります。また、結果を読み誤ると、将来に大きな影響が現れます。心配なときや、専門家の知見を参考にしたい場合は、ファイナンシャルプランナーなどに相談をして作成してもらうといいでしょう。

なお、キャッシュフロー表は1度作ったらおしまいではなく、できれば毎年、見直しをすることも大事ですよ！

Column

志望校を選ぶにあたって、学費や親の財布事情が心配になった?

高校生ともなると、親の懐事情はある程度察しがつくもの。では、志望校(大学・専門学校等)を選ぶにあたって、子供は親を気遣った選択をしたのか、アンケート調査を行ってみました。すると4割のお子さんが『心配にはなったが、妥協せず志望校を選ばせてもらった』と回答し1位。親には申し訳ないけれど、できるだけ志望校は変えたくないというお子さんの気持ち、多少苦しくなっても子供の希望を叶えてあげたいという親御さんの気持ち、両方の気持ちが詰まった結果のように思えました。

次いで、『特に気にせず、好きに受験させてもらった』が、さほど差がなく2位。教育資金の準備が上手くいったご家庭の答えなら拍手喝采ですが、もし、“親の心子知らず”で、実は苦しい家計をお子さんが把握していないケースなら危ういパターン。教育資金と老後資金はトレードオフな関係(一方を追求すると他方が犠牲になる)にあるため、教育資金で無理をすると自分の首を締めることになります。子供に懐事情を明かすのは恥ずかしいことではないと覚えておいてください。

結果的に、志望校の変更も視野に入れたお子さんは2割弱ということですから、少なくとも教育資金の準備に失敗したというパパ・ママは少数と考えることができますね。このように、教育資金は計画的に準備すれば特段恐れる必要はないのです。

志望校を選ぶにあたって、学費や親の財布事情が心配になった?

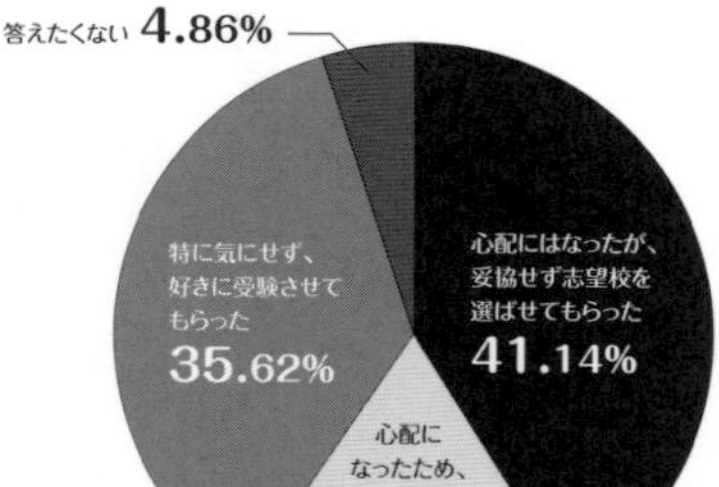

調査主体:株式会社マイスターワークス
調査方法:LINEリサーチ プラットフォーム利用の調査
調査対象者:全国の大学生・大学院生・短大生・専門学校生
有効回答数:1000名(男女500名ずつ)
調査時期:2019年7月25日(木)

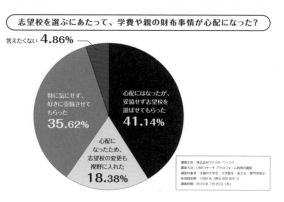

計画編②
1人ウン千万円は本当か？教育費の実態を知る

＊あらすじ＊

具体的なライフプランを立てるため、就学前～大学までにかかる教育費をレクチャーするソクラ哲。相変わらず総額で教育資金を捉えて怖気づく夫婦に対し、ソクラ哲が提示したのは「月額換算」という角度を変えた費用だった。教育資金への凝り固まったイメージが氷解する瞬間！　そのときイロハが感じとった「夫婦の成長」とは?!

計画編②
1人ウン千万円は本当か？　教育費の実態を知る

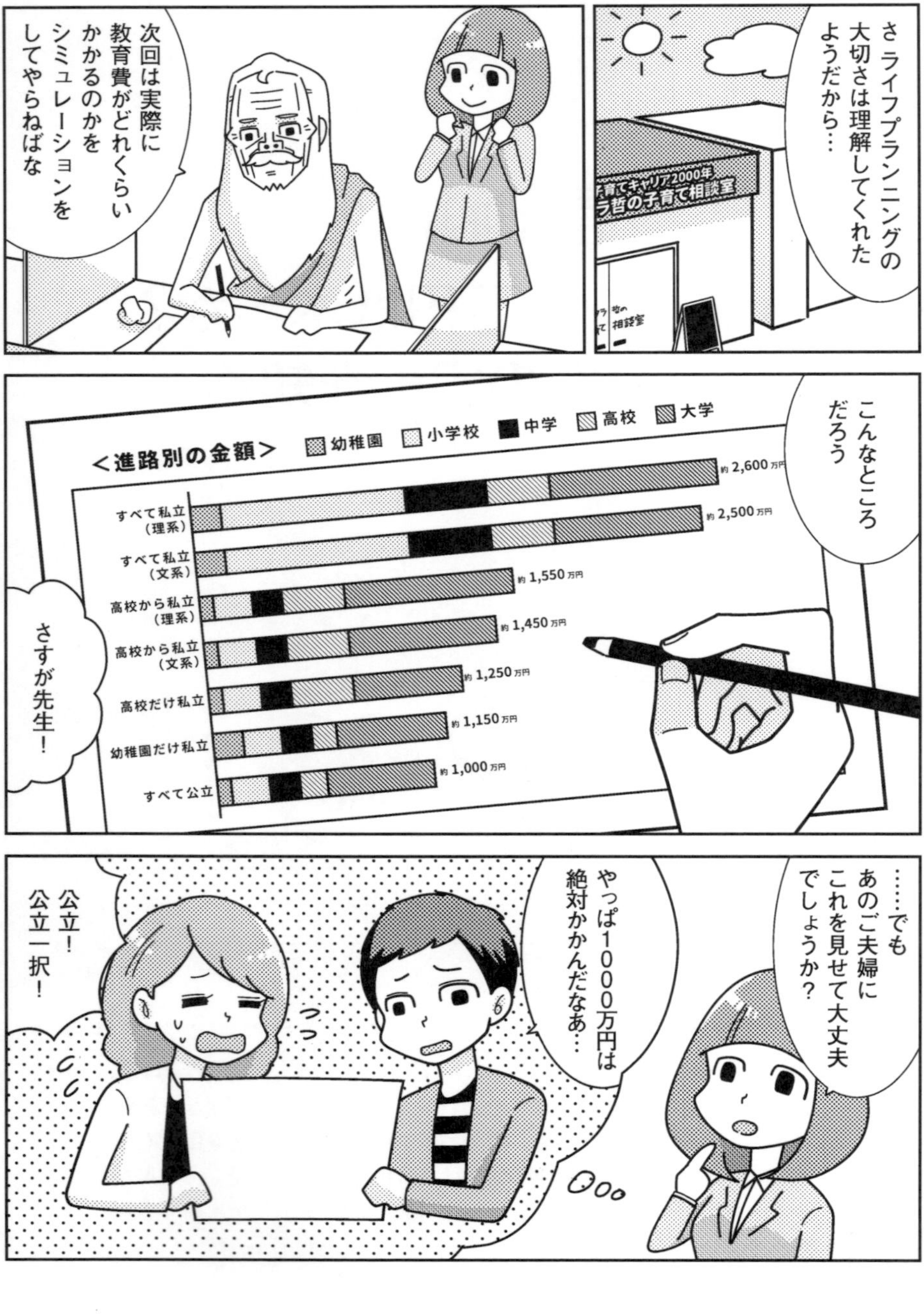

とかなりそう
ですよね
まぁあの夫婦は
「格差の底辺」に
いるからな
格差の底辺！
いくら
先生でもちょっと
言い過ぎなんじゃ
ないですか～？
あの能天気で仕事ができなさそうな
旦那さんだって好きで稼げない訳じゃ
ないんですよ？
君のほうが
言い過ぎじゃ
ないのか？
それに私が言ったのは
収入のことではないぞ
え？
「情報」の格差さ

1人ウン千万円は本当か？　教育費の実態を知る

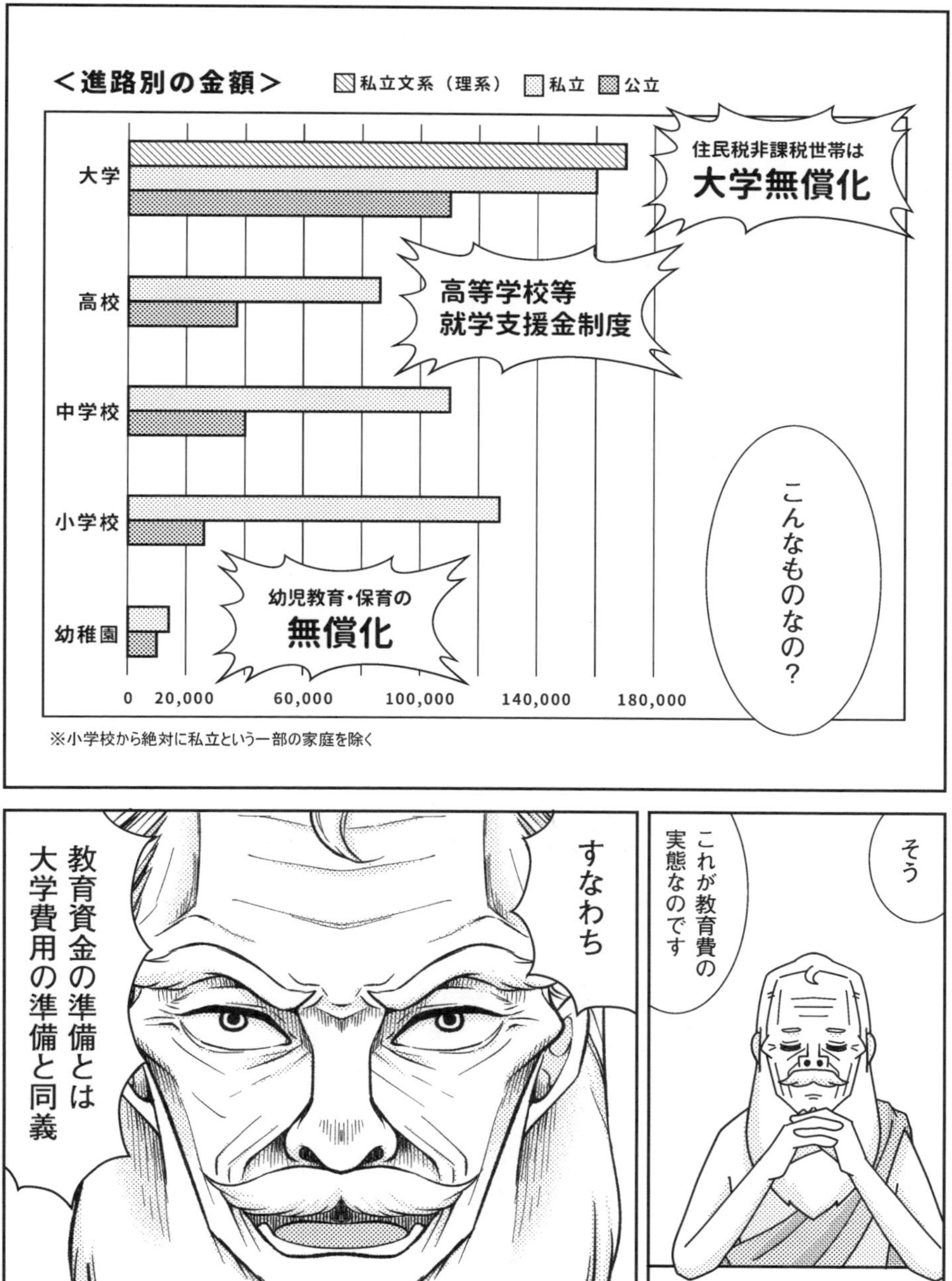
＜進路別の金額＞
私立文系（理系）
私立
公立
大学
高校
中学校
小学校
幼稚園
0
20,000
60,000
100,000
140,000
180,000
住民税非課税世帯は
大学無償化
高等学校等
就学支援金制度
幼児教育・保育の
無償化
こんなものなの？
※小学校から絶対に私立という一部の家庭を除く
そう
これが教育費の実態なのです
すなわち
教育資金の準備とは大学費用の準備と同義

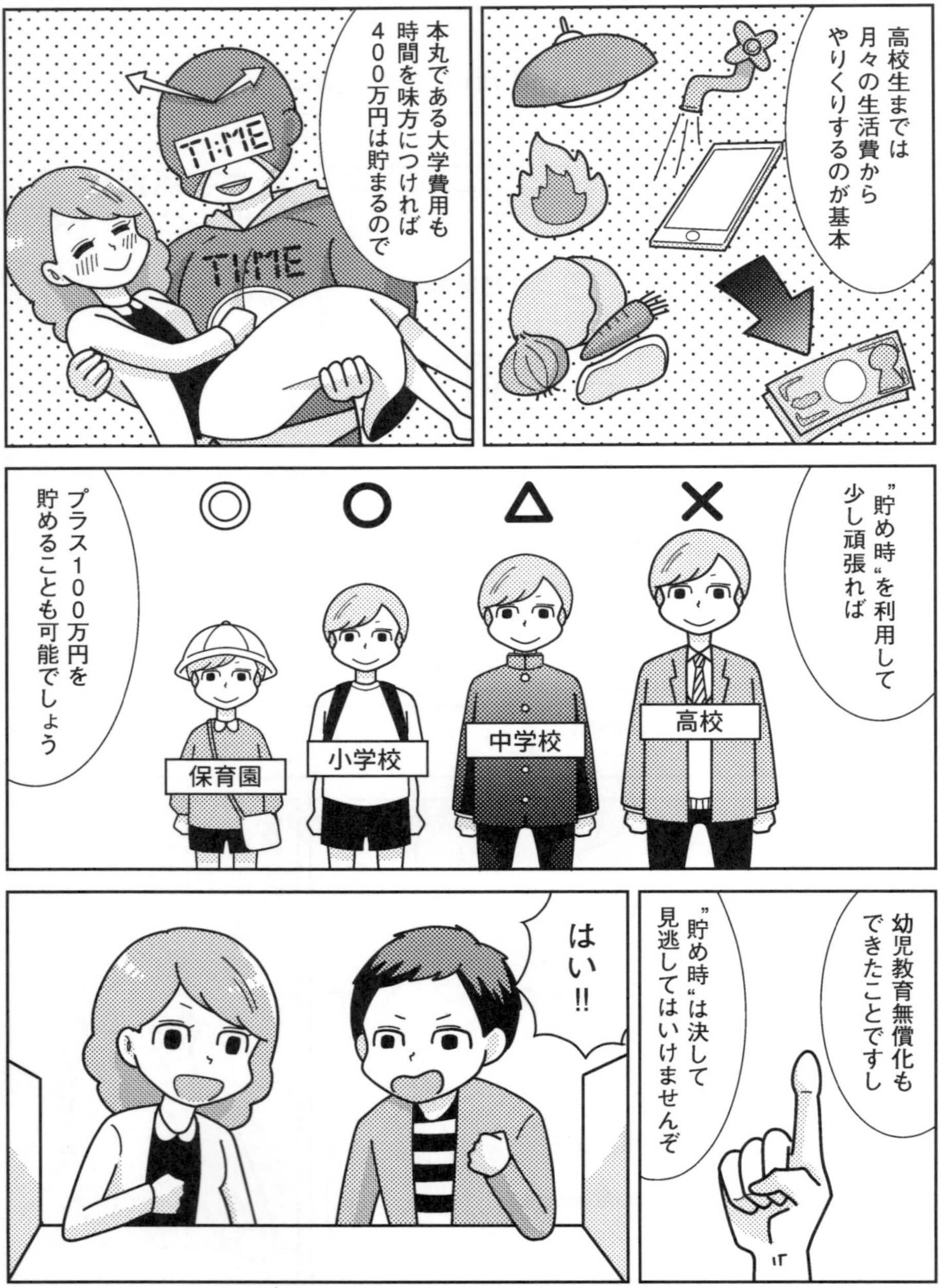
高校生までは
月々の生活費から
やりくりするのが基本
本丸である大学費用も
時間を味方につければ
400万円は貯まるので
TIME
TIME
”貯め時“を利用して
少し頑張れば
プラス100万円を
貯めることも可能でしょう
◎
○
△
×
高校
中学校
小学校
保育園
幼児教育無償化も
できたことですし
”貯め時“は決して
見逃してはいけませんぞ
はい!!

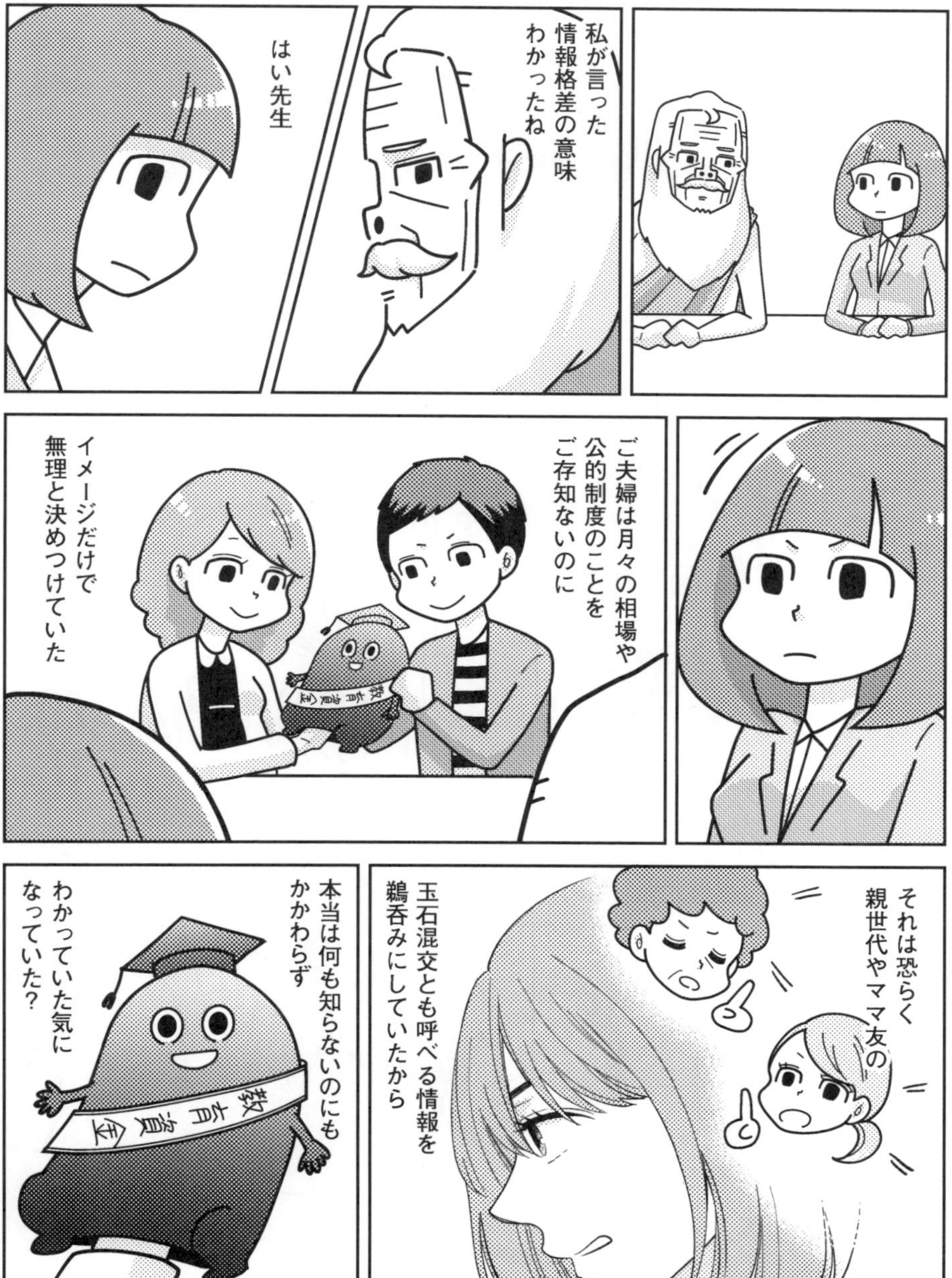
私が言った
情報格差の意味
わかったね
はい先生
ご夫婦は月々の相場や
公的制度のことを
ご存知ないのに
イメージだけで
無理と決めつけていた
それは恐らく
親世代やママ友の
玉石混交とも呼べる情報を
鵜呑みにしていたから
本当は何も知らないのにも
かかわらず
わかっていた気に
なっていた?

計画編②
1人ウン千万円は本当か？　教育費の実態を知る

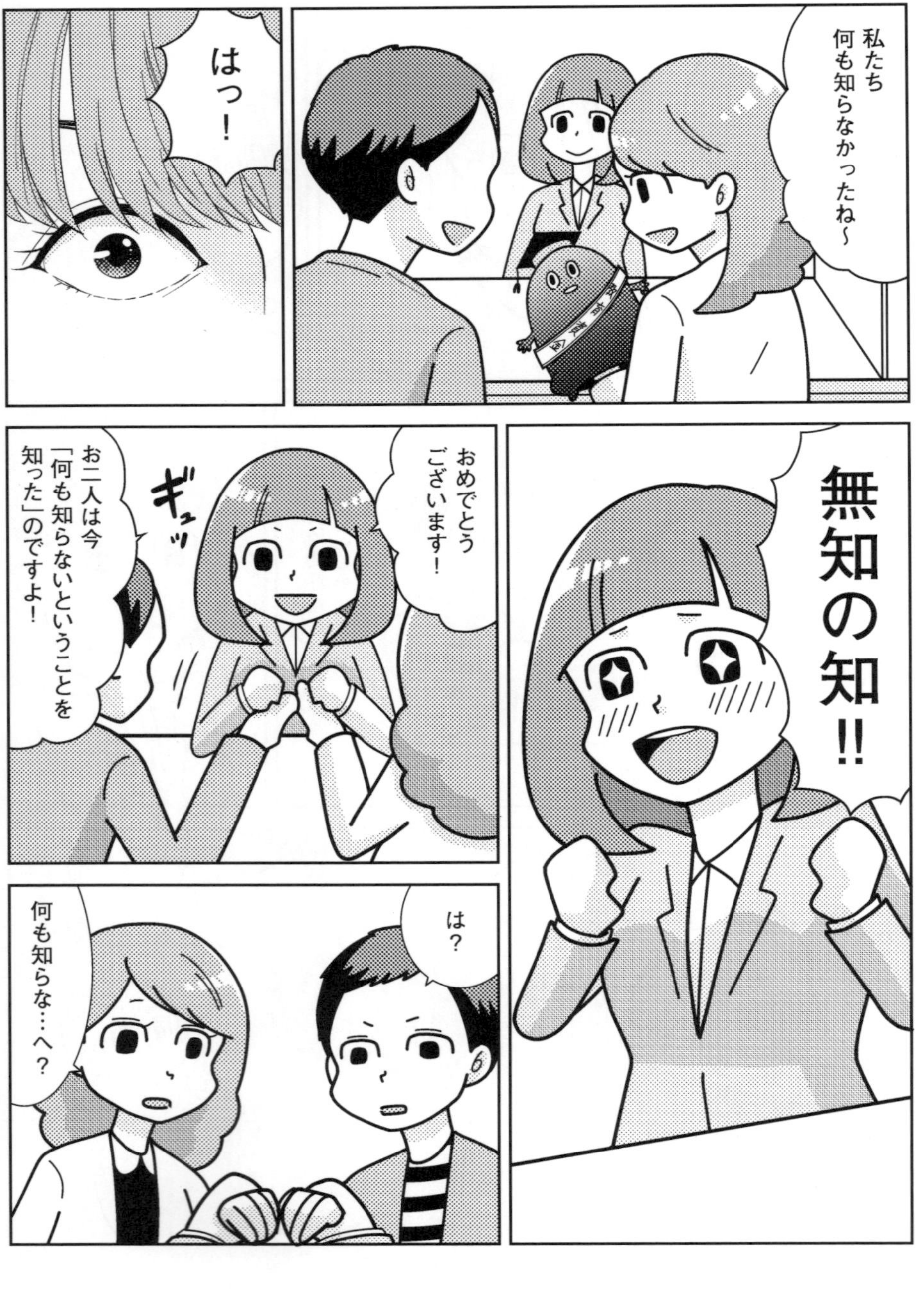

ソクラ哲先生がおっしゃったんです
ブーッ
お二人は「情報格差の底辺」だって
でもこれで無事抜け出せましたね～
底辺？
格差？
ここからがスタートです！
覚えていただくことはまだたくさんありますからね
・幼児教育・保育の無償化
・高等学校等就学支援金制度
・大学等無償化
etc
教育費の実態についてもっともっと勉強して
ベストな対策を練っていきましょう!!
私もはりきってお手伝いしますよ～
バタ
バタ
で？
誰が底辺ですって？

Commentary
解説

出産にかかるお金はどれくらい？

本書は妊娠中の方も手に取ってくださっていると思いますから、妊娠・出産にかかる費用も押さえておきます。

健診費の自己負担は非常に軽い

赤ちゃんの成長とママの健康を確認するため、妊娠初期から出産までに約14回の「妊婦健診」を受ける必要があります。費用は1回5000円〜1万円程度かかりますが、すべての自治体で14回以上の助成制度を設けていることから、金銭的負担は非常に軽いと言えるでしょう。助成回数が無制限のところ、超音波検査などの助成もあるところなど、助成内容は自治体によって異なるので、気になる点はお住まいの地域のホームページをチェックしておいてください。

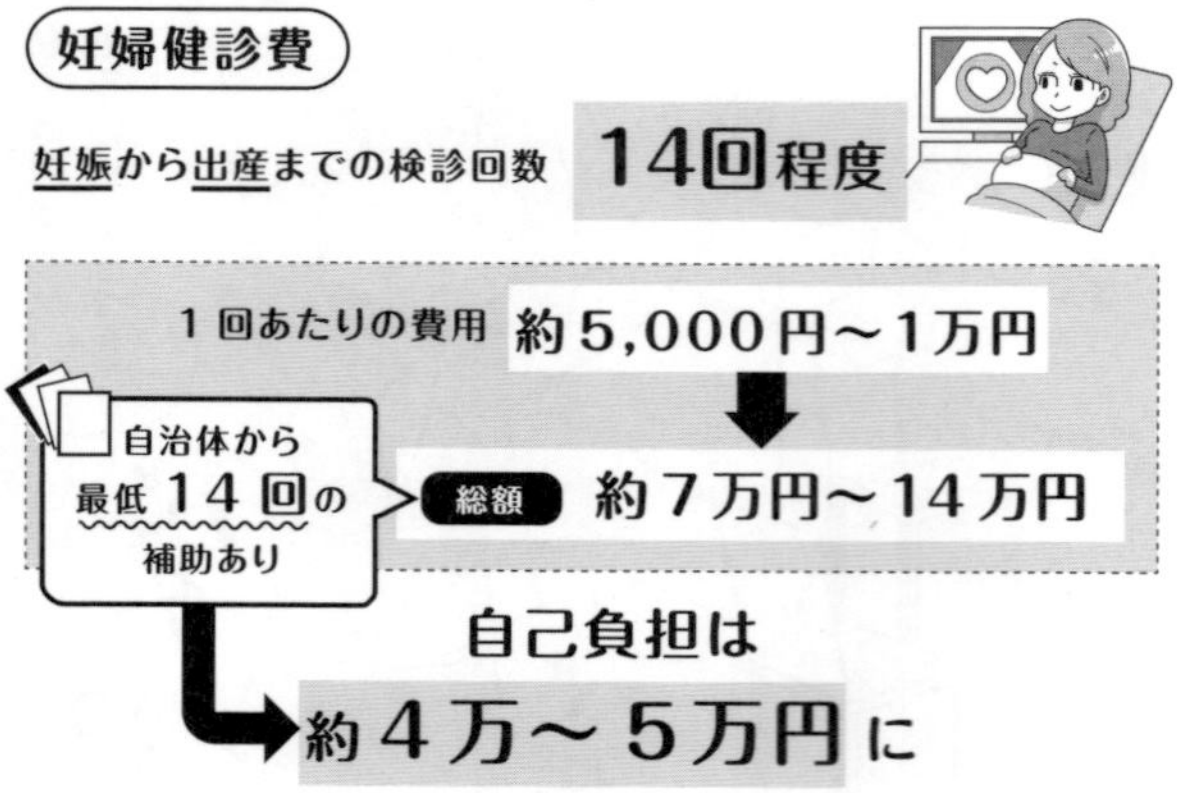

分娩・入院費の自己負担は約10万円

正常分娩における出産費用の全国平均は約50万円です（国民健康保険中央会／平成28年度）。東京都は62万円、鳥取県は約39万円と都道府県によって差が見られますが、中央値をとっても約49万円ですので、ざっと50万円と考えればいいでしょう。

50万円は大金ですが、健康保険に加入している方なら、「出産育児一時金」が1児につき42万円受け取れます。しかも「直接支払制度」というしくみを利用できる医療機関なら、事前に手続きしておくことで健康保険側と医療機関側が直接やり取りしてくれ、多額のお金を立て替える必要がありません。とすると、自己負担はざっと10万円と言えます。もちろん状況によって負担の詳細は変わりますが、少なくとも正常分娩での相場はこんなところです。

分娩・入院費

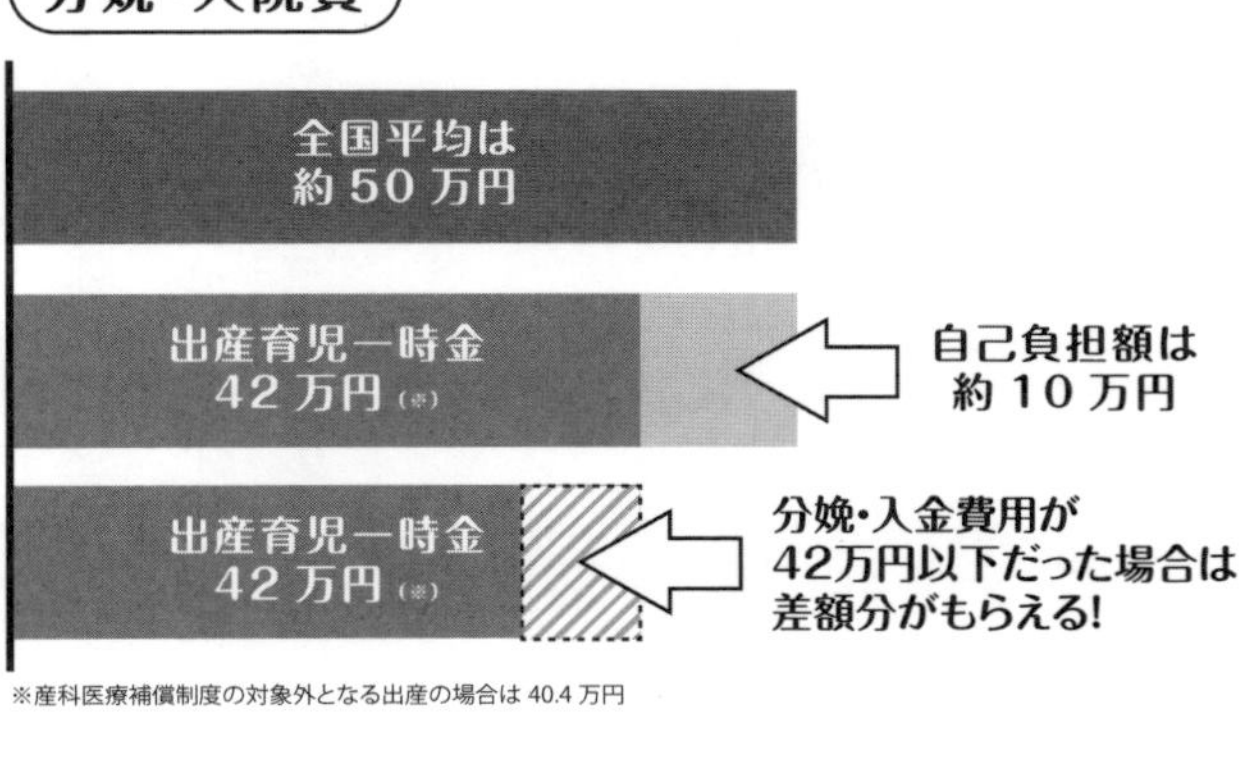

※産科医療補償制度の対象外となる出産の場合は 40.4 万円

その他の「かける費用」は無理のない範囲で

マタニティウェアやベビー用品などの準備品、里帰り費、内祝い、産後の行事費などもありますが、かかる費用ではなくかける費用ですので、人それぞれです。相場はあまり気にせず、無理のない範囲で捻出するといいでしょう。たとえば、マタニティウェアやベビー用品はリサイクル店やレンタル品もあり、工夫次第でコストを下げることは十分に可能です。

就学前にかかる教育費や保育料はいくらだった?

2019年10月以前まで、就学前の一人あたりにかかるひと月の費用は、公立幼稚園の場合は約1万9000円、私立幼稚園では約4万円でした(『子供の学習費調査』/平成28年度文部科学省)。

これに対し保育園は、認可保育園の場合は約2万3000円、各種ある認可外保育施設のうち、事業所内保育施設を例に見れば約3万4000円でした(『地域児童福祉事業等調査』/平成27年度 厚生労働省)。もっとも、保育料は所得や子供の年齢などを元にして決まるため、この平均データは目安のさらに目安レベルであるとつけ加えておきます。

貯め時の強い味方！「幼児教育・保育の無償化」がやってきた

そんな相場を少なからず変えるのが、２０１９年10月から実施された「幼児教育・保育の無償化」です。幼稚園や保育所に通う3～5歳のすべての子供と、保育所に通う0～2歳の住民税非課税世帯の子供の利用料を無料とする制度で、世帯主の働き方によって対象となる内容が異なるものの、基本的な保育施設の利用料は完全無料、幼稚園や幼稚園の預かり保育、認可外保育園でも一部補助が受けられます。

深刻な少子化や労働力人口の減少などに歯止めをかけるべく生まれた施策の一つですが、小難しいことは置いといて、パパ・ママには大助かりですよね。

無償にならない料金は？　結局毎月いくらかかる？

無償化になるのは「利用料」であって、実費として徴収される料金は残念ながら対象外です。たとえば、通園送迎費、食材料費や行事費、入園料などは引き続きかかります。

では、それらが家計を苦しめるほどの負担かといえば、それほどでもありません。文部科学省の『学習費調査』によると、公立幼稚園の場合、年間の給食費は約2万円、学校外活動費が約9万3０００円。合わせて毎月の負担は9４００円ほどになります。一方、公立より圧

共働き・シングル家庭

専業主婦（夫）家庭

共働き・シングル家庭 0歳～2歳児	共働き・シングル家庭 3歳児～5歳児		専業主婦（夫）家庭 0歳～2歳児	専業主婦（夫）家庭 3歳児～5歳児
※1 ——	**無償**	保育所（認可保育施設）	——	——
自治体が設定する補助あり	3.7万円／月まで補助	認可外保育施設	——	——
——	**無償**	認定こども園	——	**無償**
——	2.57万円／月まで補助	幼稚園	——	2.57万円／月まで補助
——	3.7万円／月まで補助 ※幼稚園利用料と合わせて	幼稚園の預かり保育	——	——
——	**無償**	障害児通園保育	——	**無償**

※1 住民税非課税世帯は0歳児～2歳児も**無償化の対象**
この場合、認可保育施設利用料は**4.2万／月**まで**補助あり**

倒的に利用者が多い私立幼稚園でみると、年間で給食費が約3万円、学校外活動費が13万3700円で、合わせて毎月の負担は1万3600円ほど。月に1万～2万円程度の諸雑費はかかるかもしれませんが、就学前からの貯め時に変わりはなさそうです。

公立小学校にかかる教育費はどれくらい？

就学前に引き続き、小学校時代も貯め時です。公立と私立とでは雲泥の差がありますが、私立小学校に通う割合は日本全国でみると1・2％ほど（『学校基本調査』）ですから、地域差こそあれ、多くの世帯にとってチャンスのときと言えるでしょう。

さて、公立小学校時代にかかる1年あたりの平均費用は約32万円です。毎月に換算すると2万6000円。これは学用品・実験実習材料費や通学用品費など学校でかかる「学校教育費」や「学校給食費」のほか、それとは別にかける「学校外活動費」も含めての相場ですから、月3万円程度がまずは目安と考えていいでしょう。

なお、学校外活動費のうち、ピアノや水泳などの習い事にあたる「その他の学校外活動費」は年間約13万円と、すべての学習費のなかで最も高い割合を占めています。最近は子供の可能性を広めようと習い事も多様化しているとはいえ、「家計が苦しい」「この間にできるだけ貯めたい」のであれば、工夫を凝らして削る選択も必要でしょう。

中学受験を考える場合は、小学校の4、5年生から本格的に塾代がかかってくることが予想されます。その場合は、貯め時といわれる期間が非常に少なくなることに注意してください。お金だけでなく、子供の健康管理や時間管理などにも向き合うことが大事になってくるので、「こんなふうに子供を育て成長を見守りたい」と教育方針を話し合っておくことも大切です。

私立小学校は公立小学校の5倍以上!

一方、小学校から私立に通わせるとなると話は変わってきます。私立小学校にかかる1年間あたりの平均費用は、公立小学校の5倍近い約153万円。毎月12万7000円の計算になります。

公立小学校と比べて何がそんなにかかるのか? 授業料や学校納付金は当然として、意外に大きいのが「通学費」。公立と違い、自宅から離れた学校に通うことも珍しくないためでしょう。また、公立ではほぼないといって過言ではない「寄付金」も求められます。

学校外活動費にかけるお金も全然違います。中でも、学習塾や家庭教師にあたる「補助学習費」は約30万円と、公立の4倍弱。前述した「その他の学校外活動費」も約30万円で公立の3倍弱かけていることがわかります。

私立小学校を希望する時点で余裕のあるご家庭だとは思いますが、総額として毎月12万円

小学校時代にかかる費用

公立　約2万6,000円／月　　**私立**　約12万7,000円／月

（単位：円）

区分		公立	私立
学校教育費	授業料	…	比重 大 **461,194**
	修学旅行・遠足・見学費	6,738	41,797
	学級・児童会・生徒会費	5,055	11,360
	PTA 会費	3,405	12,243
	その他の学校納付金	1,628	187,129
	寄附金	47	15,290
	教科書費・教科書以外の図書費	2,049	4,512
	学用品・実験実習材料費	17,000	26,411
	教科外活動費	2,714	12,512
	通学費	1,197	意外にかかる **40,638**
	制服	2,724	29,917
	通学用品費	13,653	18,762
	その他	3,833	8,643
	年間小計	60,043	870,408
学校給食費	年間小計	44,441	44,807
学校外活動費	補助学習費	83,013	304,859
	家庭内学習費	14,831	45,336
	物品費	8,638	23,040
	図書費	6,193	22,296
	家庭教師費等	9,383	30,958
	学習塾費	56,864	比重 中 **221,534**
	その他	1,935	7,031
	その他の学校外活動費	比重 大 **134,813**	比重 大 **308,163**
	体験活動・地域活動	4,851	25,591
	芸術文化活動	34,279	103,590
	月謝等	25,284	70,974
	その他	8,995	32,616
	スポーツ･レクリエーション活動	比重 大 **60,762**	87,086
	月謝等	47,415	70,330
	その他	13,347	16,756
	教養・その他	34,921	91,896
	月謝等	27,446	66,854
	図書費	3,012	12,557
	その他	4,463	12,485
	年間小計	217,826	613,022
年間学習費総額		322,310	1,528,237
毎月換算		26,859	127,353

出典：文部科学省　平成28年度「子供の学習費」調査

強の教育費が6年間続くというデータを覚えておいてください。この先続く、中学・高校・大学への準備までしっかり視野に入れておきましょう。

公立中学校にかかる教育費はどれくらい?

塾代を中心に学校外活動費が膨らみはじめる中学校時代は、義務教育の期間とはいえ貯め時とまではいきません。特に高校受験を控えた中学3年生からは学習塾費がぐんと上がり、地域差はあるものの、全体的には増加傾向にあります。したがってこの時期は、貯め方よりも使い方の工夫、かけるお金の管理の仕方が重要です。

具体的な数字を確認しましょう。公立中学校にかかる1年間の学習費総額は48万円弱です。毎月に換算すると約4万円ですから、公立小学校時代よりもプラス1万円は予算が上がります。

問題の学校外活動費のうち、やっぱり負担が重いのは補助学習費。内訳をみると、なかでも学習塾費は、3年間の平均では年間約20万円ですが、中学2年生では約16万円だったのに対し、3年生になると約32万円と2倍に上がります。一方、スポーツ・レクリエーション活動など、高校受験とは直接関わりのない学校外活動費は減少傾向にあり、進学にかける費用が鍵を握っていることが推察できます。

私立中学校は私立小学校よりは安いが……

私立中学校時代にかかる1年間の学習費総額は約132万円と、私立小学校平均よりも20万円程度下がる計算になりますが、毎月に換算すると約11万円。決して軽い負担とは言えないでしょう。授業料や学校納付金、修学旅行費などがかさむのは小学校時代と変わりなく、私立に通わせるなら必ず想定しておくべき予算です。もちろん、通学費も同じです。ちなみに、私立小学校時代との差、約20万円の正体は「学校外活動費」。学習塾などの補助学習費も減っていますが、おけいこなどの習い事なども減って、私立小学校時代にいかに早期の英才教育に力を入れてきたかわかります。

中学の学校外活動費を公立私立で比較すると、意外なのは、学習塾費や家庭教師費等が大差なくなっていること。むしろ中学3年生時の学習塾費は約17万円で、公立のご家庭のほうが高校受験を意識して2倍近くかけています。一方、私立中学校に通わせているご家庭は、「その他の学校外活動費」にかけるお金が年間10万円～14万円と公立より多く、中学3年間で大きな変動は見られません。高校受験のない私立一貫校が多いことなどによる公立中学校との顕著な差の一つでしょう。

中学校時代にかかる費用

公立 約 4 万円 / 月

私立 約 11 万円 / 月

（単位：円）

区分		公立	私立
学校教育費	授業料	…	比重 大 425,251
	修学旅行・遠足・見学費	25,038	74,169
	学級・児童会・生徒会費	3,957	13,326
	PTA 会費	3,808	12,479
	その他の学校納付金	6,164	比重 中 231,232
	寄附金	65	4,508
	教科書費・教科書以外の図書費	4,262	11,143
	学用品・実験実習材料費	19,577	26,546
	教科外活動費	31,319	57,008
	通学費	7,365	77,975
	制服	18,245	43,263
	通学用品費	10,304	14,723
	その他	3,536	5,812
	年間小計	133,640	997,435
学校給食費	年間小計	43,730	8,566
学校外活動費	補助学習費	239,564	204,112
	家庭内学習費	14,347	29,804
	物品費	5,513	14,480
	図書費	8,834	15,324
	家庭教師費等	17,868	23,592
	学習塾費	比重 大 202,498	143,694
	その他	4,851	7,022
	その他の学校外活動費	61,620	小学校時代よりダウン 116,820
	体験活動・地域活動	3,167	17,560
	芸術文化活動	19,133	43,747
	月謝等	14,673	28,108
	その他	4,460	15,639
	スポーツ・レクリエーション活動	23,075	27,866
	月謝等	11,916	16,999
	その他	11,159	10,867
	教養・その他	16,245	27,647
	月謝等	10,050	15,327
	図書費	2,163	5,390
	その他	4,032	6,930
	年間小計	301,184	320,932
年間学習費総額		478,554	1,326,933
毎月換算		39,879	110,577

出典：文部科学省　平成 28 年度「子供の学習費」調査

とてもありがたい高校授業料の無償化

高校時代は大学時代に次いで教育費がかかる時期でしたが、「高校授業料の無償化」のおかげで、中学校時代よりも学校に払う負担が軽くなりました。

高校授業料の無償化は、目安として世帯年収約910万円未満の世帯の生徒に対して「高等学校等就学支援金」が支給される制度で、公立・私立を問わず、最低11万8800円(月額9900円)の補助が受けられます。

私立高校に通う場合、各都道府県が独自に設けている補助制度を利用できることもあります。たとえば東京都の「授業料軽減助成金」は、都内在住で年収約350万円~590万円のモデル世帯(夫婦と子供2人)に対し、年額27万7800円を支給しています。

このように、教育資金のサポートは以前より充実した環境が整っていると言えます。とはいえ、授業料以外に、修学旅行費、その他学校納付金、教科書や図書費、通学費などの学校教育費や、学校外活動費の学習塾費などの増加傾向もみられます。授業料が無償化になったからと気を緩めずに、この先に控えている大学資金や自分たちの老後資金のためにも、賢く、上手く乗り切りたいものです。

公立高等学校にかかる教育費はどれくらい？

公立高校にかかる1年間の学習費総額は約45万円です。毎月に換算すると約3万7000円ですから、中学校時代と同じく月4万円はかかると考えていいでしょう。総額では中学時代より安く済みますが、通学費は6倍強に跳ね上がっていることから、自宅から学校のアクセス具合で家計に差が出そうです。

私立高等学校は公立の2倍強かかる！

私立中学校に比べると安いとはいえ、1年間の学習費総額は約104万円、毎月に換算すると約8万6000円です。受験結果によって私立を選ばざるを得なくなる可能性は十分ありますから、教育資金は私立高校に通うことも想定して貯めるのがベストです。

費用の内訳は約75万円が学校教育費で、2年生などで行く（豪華な？）修学旅行費、学校納付金、通学費の負担などが目につきます。

学校外活動費では、高校3年生時の学習塾費が約22万円と、補助学習費のほとんどを占めています。補助学習費の3年間の平均は約23万円。私立中学時代より約3万円多くなっています。

高校時代にかかる費用

公立　約3万7,000円/月

私立　約8万6,000円/月

高等学校等就学支援金
最低11万8800円補助
※年収910万円未満の世帯

(単位:円)

区分		公立	私立
学校教育費	授業料	23,368	(比重 大) 271,835
	修学旅行・遠足・見学費	34,892	54,096
	学級・児童会・生徒会費	13,834	19,832
	PTA 会費	6,587	14,252
	その他の学校納付金	29,060	(比重 中) 193,806
	寄附金	281	974
	教科書費・教科書以外の図書費	21,513	24,642
	学用品・実験実習材料費	19,149	16,994
	教科外活動費	44,276	44,764
	通学費	(公立中学校よりアップ) 47,552	71,087
	制服	21,088	27,186
	通学用品費	10,517	10,775
	その他	3,874	4,858
	年間小計	275,991	755,101
学校給食費	年間小計	…	…
学校外活動費	補助学習費	142,702	230,103
	家庭内学習費	14,669	23,019
	物品費	6,365	10,290
	図書費	8,304	12,729
	家庭教師費等	10,513	19,232
	学習塾費	(比重 大) 106,767	(比重 中) 171,462
	その他	10,753	16,390
	その他の学校外活動費	32,169	54,964
	体験活動・地域活動	4,037	8,483
	芸術文化活動	9,836	19,148
	月謝等	6,237	11,888
	その他	3,599	7,260
	スポーツ･レクリエーション活動	7,937	10,626
	月謝等	4,192	6,052
	その他	3,745	4,574
	教養・その他	10,359	16,707
	月謝等	4,211	7,344
	図書費	1,652	3,021
	その他	4,496	6,342
	年間小計	174,871	285,067
年間学習費総額		450,862	1,040,168
毎月換算		37,571	86,680

出典:文部科学省　平成28年度「子供の学習費」調査

これらは全国平均なので、エリアなどによってさらに大学受験に向けた塾や予備校代などが膨らむ傾向もみられます。熾烈な大学受験を避けて私立中高から系列の大学へのルートを確保するご家庭もあるでしょう。また、受験勉強も、自主的にアプリで勉強するなどコスパのよい選択肢も広がっているようです。

大学時代にかかる教育費はどれくらい？

いよいよ教育費におけるラスボス・大学時代です。これまでと違い、日々の家計からやりくりするのは難しく、子供が小さな頃から準備してきたコツコツ貯金の出番です。例によって、私立に通うか国公立に通うかで費用差があり、文系か理系かによっても違ってきますので、それぞれのコースでかかる相場を把握しましょう。日本政策金融公庫の『教育費負担の実態調査』がよくまとまっているので、こちらを根拠資料として話を進めます。

国公立大学の相場は毎月11万円！

国立と公立とでは微妙に違いますが、国公立大学と一括りにした平均を紹介します。まず、学校納付金の平均は約29万円、滑り止めを含む受験費用が約38万円、結果的に入学しなかった学校への納付金が約12万円で、合わせて約80万円が入学までにかかる費用相場です。

次に在学費用。授業料や通学費、教科書代などを含めた費用は年間１１５万円弱となっており、入学費用と合わせると４年間で必要になるのは約５４０万円。毎月に換算すると約11万円かかる計算になります。

私立大学は文系で約15万円、理系だと17万円。医歯系だと……

私立大学の入学費用の平均は、文系で約90万円、理系で85万円、短期大学では約73万円でした。在学費用は文系で約１６０万円、理系では約１８５万円、短大では約１５１万円。それぞれの総額を毎月に換算すると、文系は約15万円、理系は約17万円、短大は約15万円という

国公立大学にかかる教育費

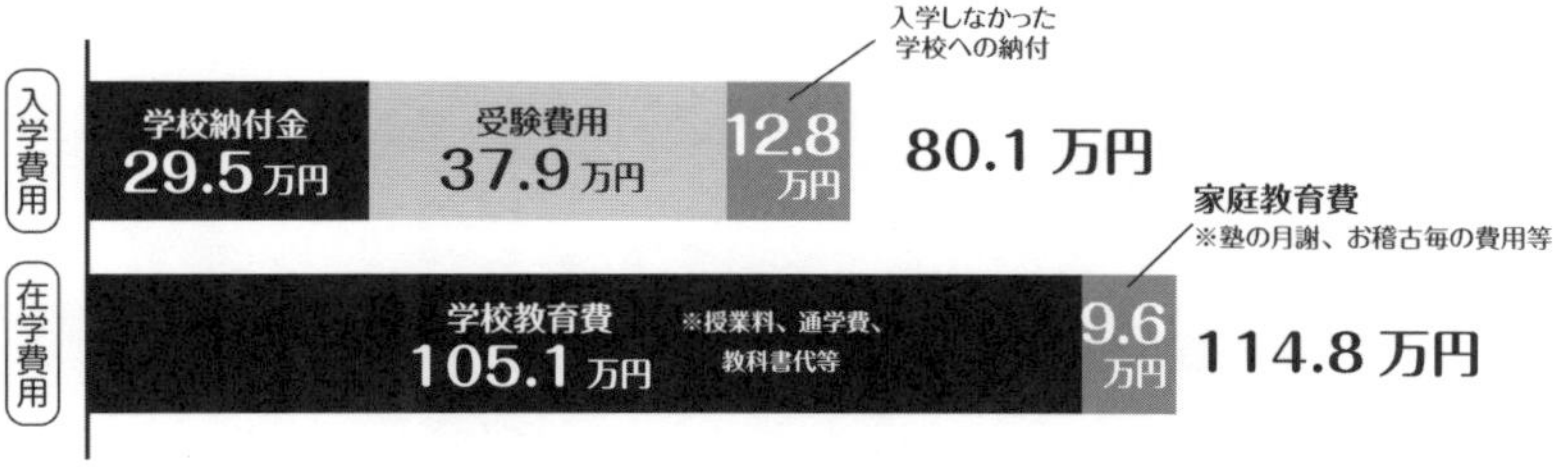

入学費用　在学費用

約80万円＋（約114万円×4年間）＝約536万円

約536万円÷48カ月＝毎月約11万円

※出典：日本政策金融公庫『教育費負担の実態調査（平成30年度）』

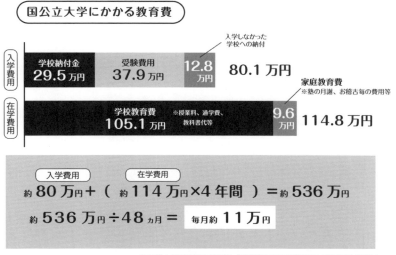

私立大学にかかる教育費

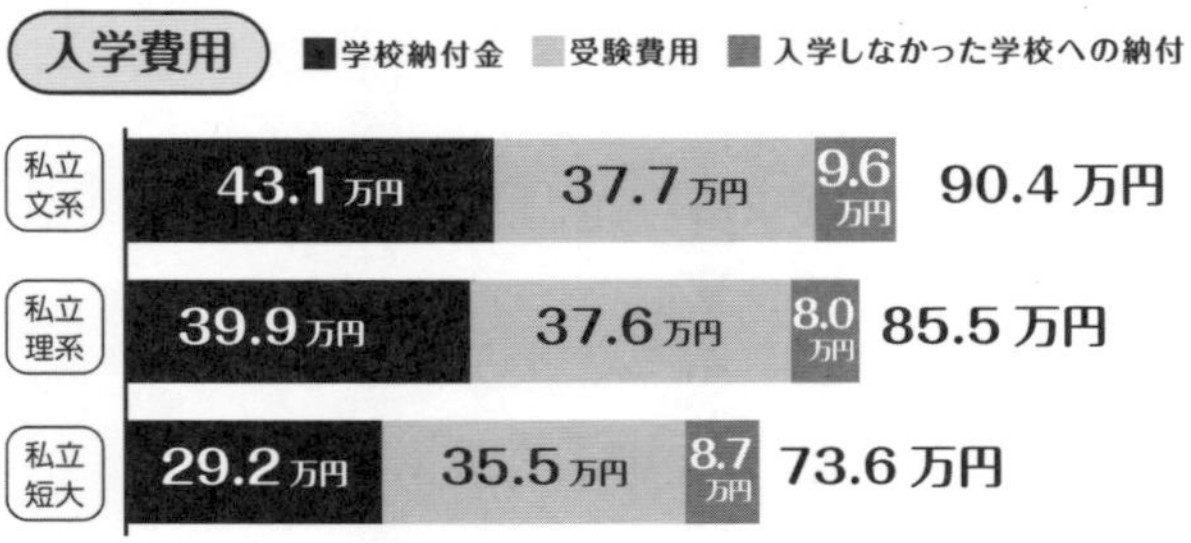

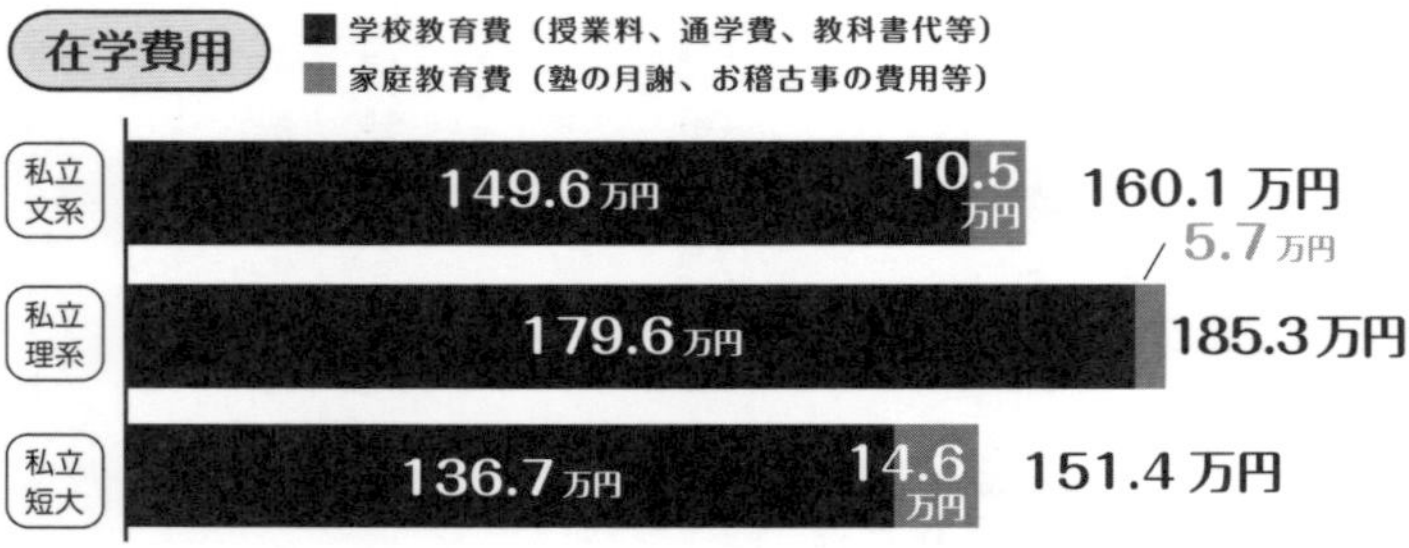

私立文系

（入学費用）約 90 万円＋（（在学費用）約 160 万円×4 年間）＝約 730 万円

約 730 万円÷48 ヵ月＝ **毎月約 15万円**

私立理系

（入学費用）約 85 万円＋（（在学費用）約 185 万円×4 年間）＝約 825 万円

約 835 万円÷48 ヵ月＝ **毎月約 17万円**

私立短大

（入学費用）約 73 万円＋（（在学費用）約 151 万円×2 年間）＝約 375 万円

約 375 万円÷24 ヵ月＝ **毎月約 15万円**

計算になります。短大は比較的安いかと思いきや、毎月の負担は4年制の文系とさほど変わりませんね。ただし、2年間で済みますが。

念のため医学部や歯学部にも触れておくと、私大の場合、初年度の納付金だけで約470万円と、国公立大学4年間にかかる納付金を超えてしまいます（私立大学等の平成29年度入学者に係る学生納付金等調査結果について／文部科学省）。さらに卒業まで6年間もあることから、総額は2000〜3000万円はみたほうがいいでしょう。その点、国公立大の医学部であれば、入学金・授業料は他学部の水準と同じなので、親としてはかなり助かります。

学費がかかるどころか給料がもらえる学校も

少し特殊ではありますが、学費がほとんどかからないどころか、勉学は業務の一環と見なされて給与まで受け取れる大学もあります。官庁や有名企業が母体となって設立した人材育成系の大学がそれで、たとえば自衛隊の幹部候補生を育成する防衛大学校（防衛省管轄）は、全寮制で下宿費は無料、「学生手当」として月額約11万円が支給されます。

また、トヨタ自動車が母体のトヨタ工業学園高等学校では、高校1年生から毎月約12万円の手当、年2回のボーナスもあるほか、成績優秀者は豊田工業大学に進学する道も。こちらは有料ですが、国公立大並の学費ながら学習環境の整備に予算を割いており、卒業後の高い就職決定率を実現しているようです。

あくまで本書の主題である「教育資金への不安」に焦点を当てたうえでの一例であり、「お金がないなら人材育成系の大学を目指そう」という話ではない点、強調しておきます。そもそも、この手の学校は競争率が非常に狭き門ですし、入学というより採用に近いことから、勉学のハードルも高いです。お金のことで子供の成長や夢をあきらめさせたくないというのは親心でしょうが、お金や親のエゴを理由に子供の行く道を強いたりするのは本末転倒ですよね。実際、受験に関しては、子供を信頼できずに浪人を避けようとあちこちを受けさせて、受験料だけで数十万円が飛んで精神的にも疲弊したご家庭もあります。

一方、子供が望む「これがベスト」という道を親も一緒に信じてサポートするご家庭では、受験料など無駄な支出は最小限になり、精神的にも経済的にも納得して過ごせるようです。

下宿する子供への仕送り平均額は年間約90万円

大学時代にかかる教育費をざっと把握できたところで、子供が自宅外通学をすることになったときの費用も合わせて把握しておきましょう。具体的には、転居に伴う初期費用と、家賃・生活費を合わせた仕送り代ですね。これがあるのとないのとでは大違いです。

まず、アパートの敷金や家財道具の購入費などを含めた引っ越し費用の平均は約37万円です。３月や４月は引っ越しシーズン真っ只中ということもあり、その年の混み具合や依頼する業者によっては予算が跳ね上がる可能性もあります。

そして、仕送り額の年間平均は約90万円。引っ越し費用と合わせると約127万円ですから、自宅外通学をする場合の費用は、大学初年度で毎月約10万円、２年目以降は約７万5000円かかる計算になります。最近は下宿する学生が随分と減ったと言われるのも、こうした負担を避けるための判断でしょう。

ただ、これらの費用が前のページで確認した教育費に単純に足し算されるかというと、そうとは限りません。たとえば、下宿生は大学近くに住む場合が多いことから、自宅通いの学生と比べて通学費が安くなる傾向があります。また、大学生ともなれば堂々とアルバイト

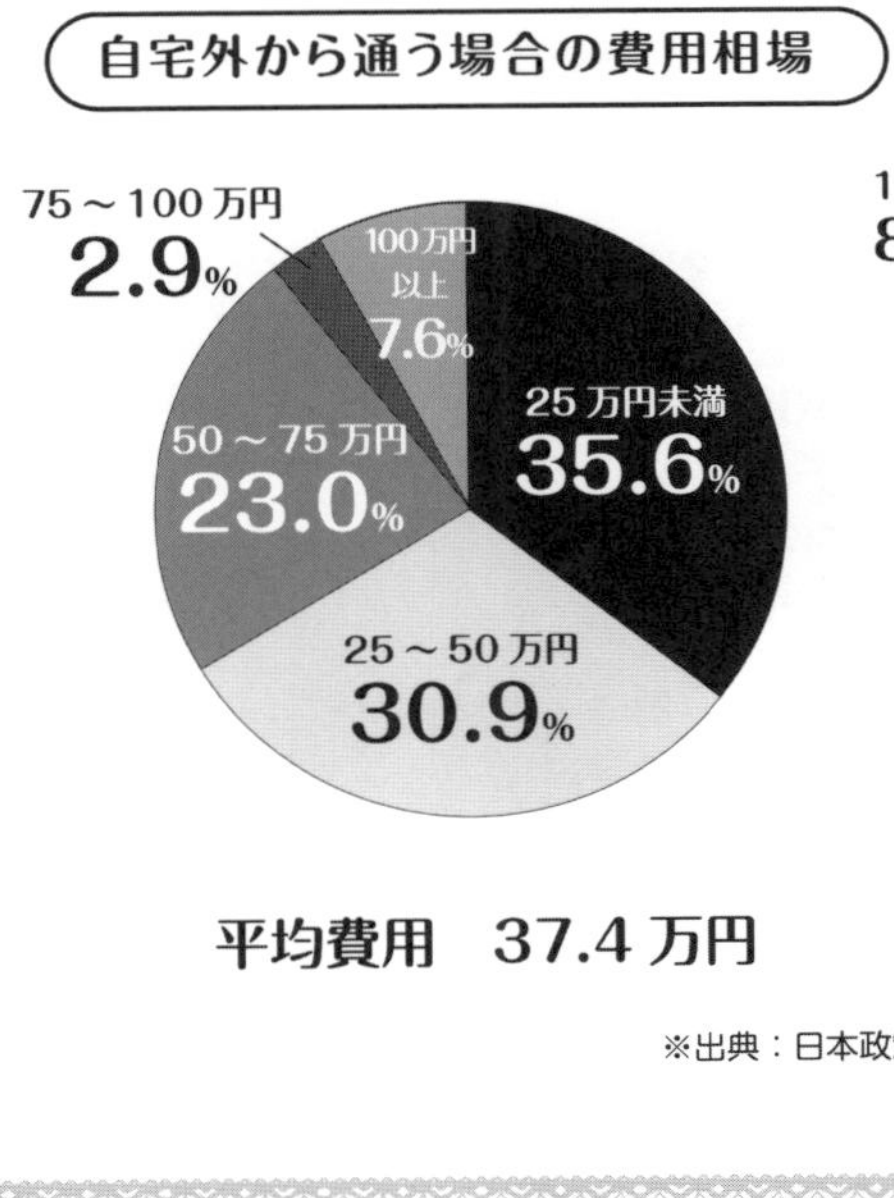

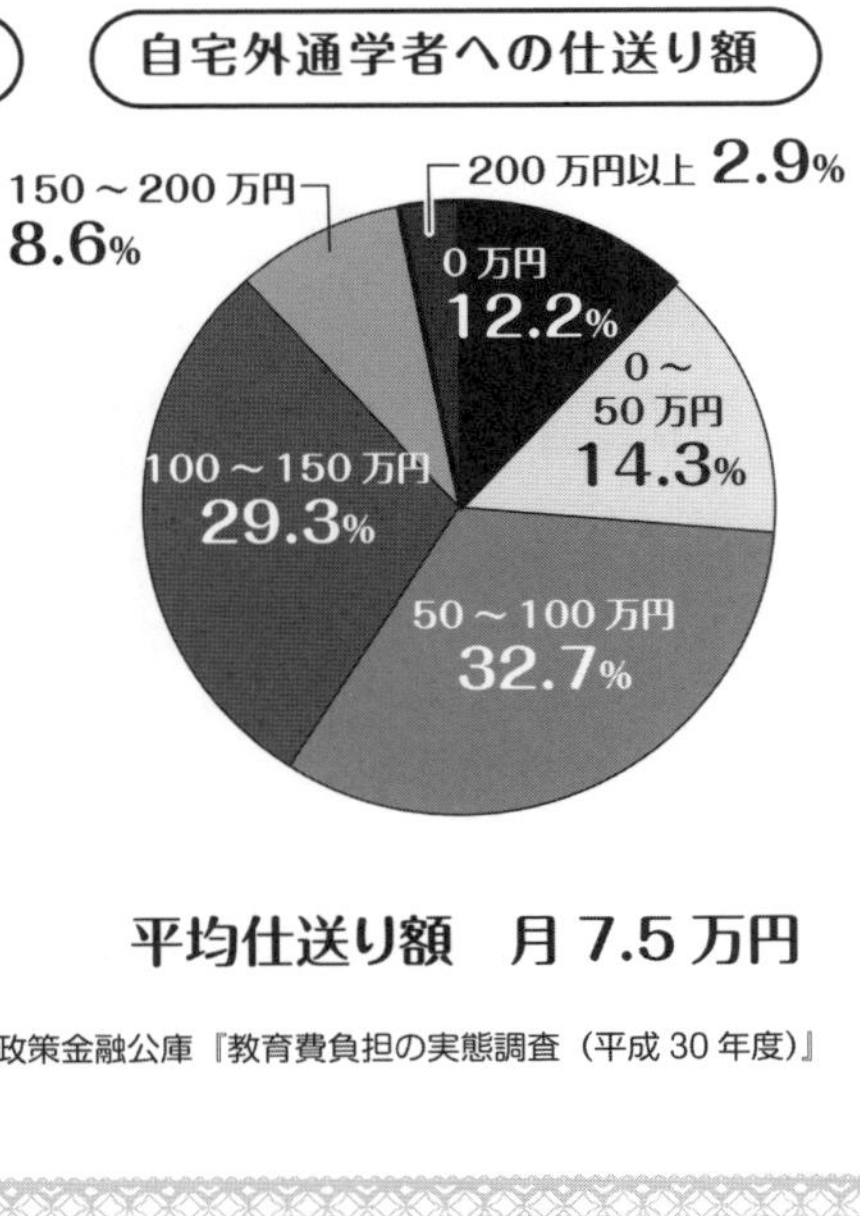

※出典：日本政策金融公庫『教育費負担の実態調査（平成30年度）』

もできるわけですから、生活費の一部は自分で稼いでもらうという選択肢もあるでしょう。子供ときちんと話し合ったうえ、学業に支障をきたさない範囲で協力してもらうことが大前提ではありますが、この年齢になれば親子共同体制が組めるのです。

大学等無償化は本当に助けになる？

２０１９年５月10日に成立した「大学等修学支援法」により、２０２０年４月から一部の世帯で大学等無償化が実施されます。

意外にややこしいのでざっくり説明すると、授業料や入学金などが減免される対象は低所得世帯のみで、家族構成が両親と学生本人・中学生の４人のモデル世帯の場合、年収２７０万円未満の住民税非課税世帯と、年

大学無償化って？

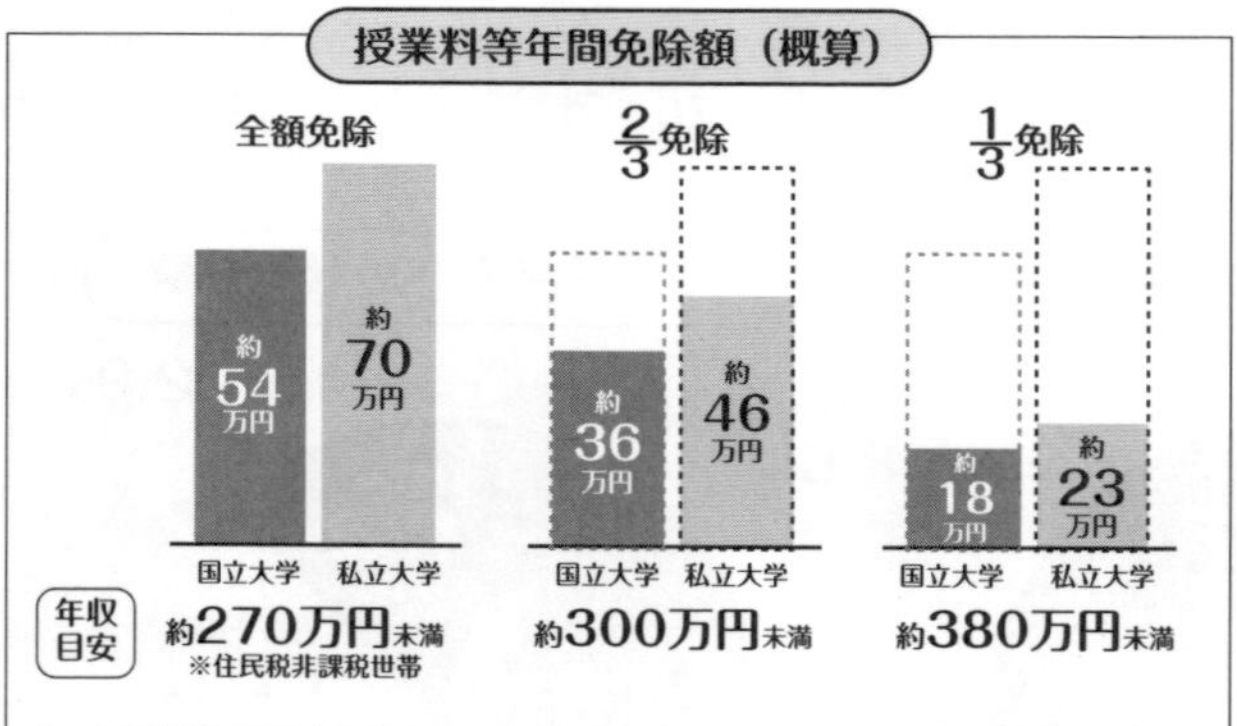

注：文部科学省の資料より、両親・本人・中学生の家族4人世帯の場合の目安。基準を満たす世帯年収は家族構成により異なる。

＋

	大学、短大、専門学校			
	国立大学		私立大学	
給付型奨学金	自宅	自宅外	自宅	自宅外
	35 万円	80 万円	46 万円	91 万円

※高等専門学校生は大学生の５～7割程度

※出典：文部科学省「高等教育無償化について」

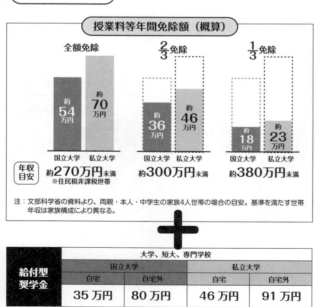

収約380万円未満の世帯の約75万人。年収270万円未満の世帯は全額免除されますが、それ以上の世帯は年収に応じて3分の2または3分の1の支援が受けられます。

大学だけでなく高等専門学校や専門学校も対象範囲内ということから、教育資金に不安を抱えるご家庭にとっては嬉しい制度ですが、年収基準を超える世帯は1円の支援もないわけで、「対象範囲が狭すぎる」といった批判もあります。

とはいえ、今は財源をみながらスタートしたばかり。お子さんが大学受験を迎える十数年後にはどうなっているかわかりませんので、現段階では、そういう制度があるという理解に留めておくだけで十分でしょう。多くのご家庭にとって満足のいく方向に変わっていくといいですね。

進路別にかかる教育費用の相場をまとめると…

就学前から大学卒業まで、各時期にかかる教育費用の相場をざっくり押さえたところで、いくつかの進路をパターン別に計算した総額をお見せしましょう。

すると、やっぱり総額だと迫力がありますね（笑）。なんと言っても、すべて国公立に進んだ場合でも1000万円が相場です。もちろん、毎月の費用に換算すれば、日々の収支からコツコツ捻出可能なことは、すでにご理解いただいていると思います。

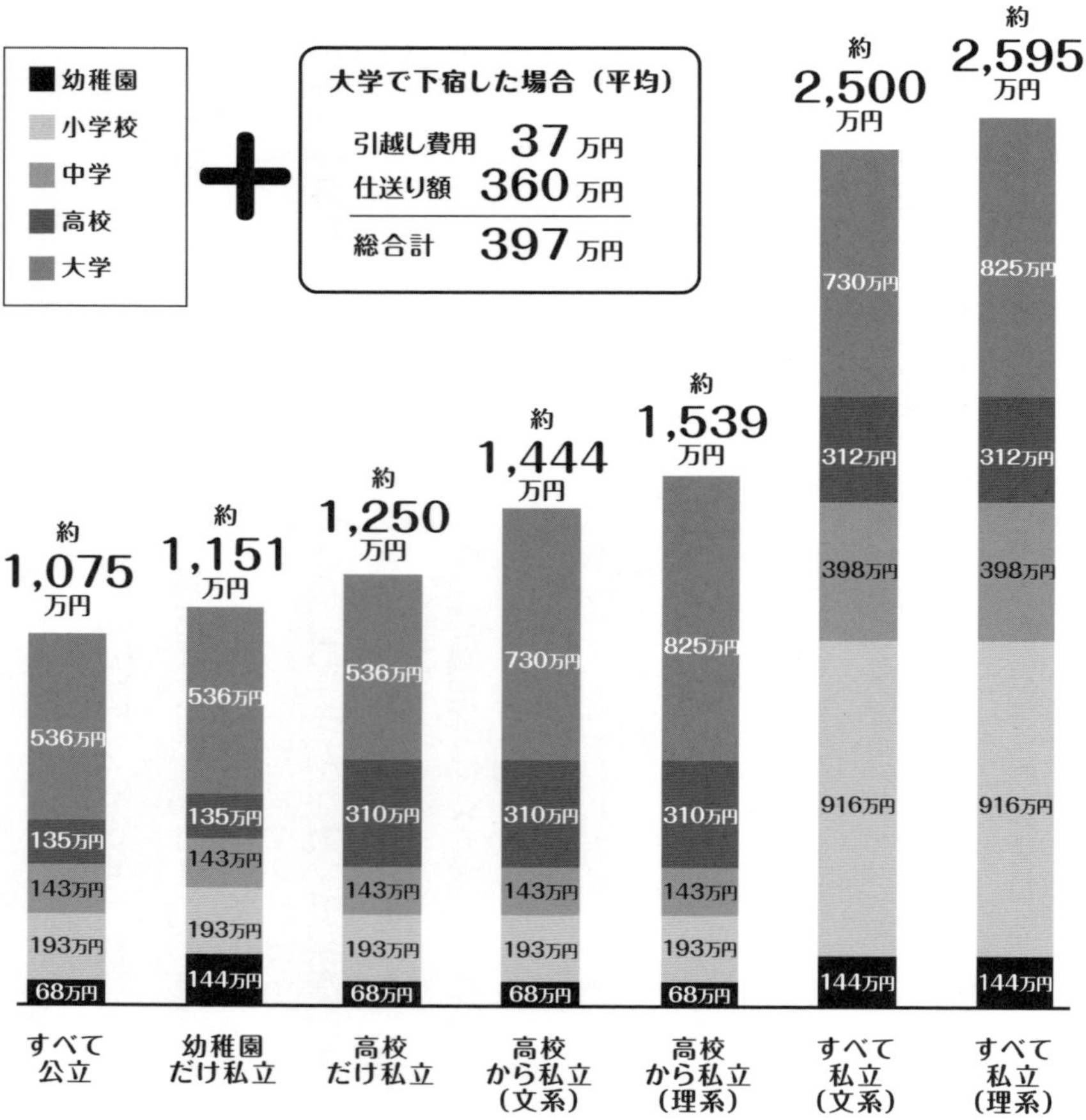

出典：文部科学省「子供の学習費調査（平成28年度）」、日本政策金融公庫「平成30年度　教育費負担の実態調査結果」

おさらいすると、比較的安く済む就学前と小学校時代の貯め時を絶対に逃さないこと。収入の2割、厳しければ1割でいいので教育資金として積み立てておきましょう。これとは別に、15年間の児童手当、0歳から18歳まで貯めておく1万円貯金があれば、少なくとも500万円以上は貯まっているはずです。

　このように、教育費は何歳でピークを迎えるかが判明しているため、早いうちからライフプランを組んで対策すれば十分に対応できる資金だと言えます。

幼児教育・保育の無償化や高校授業料の無償化など、なかった

毎月の教育費用まとめ

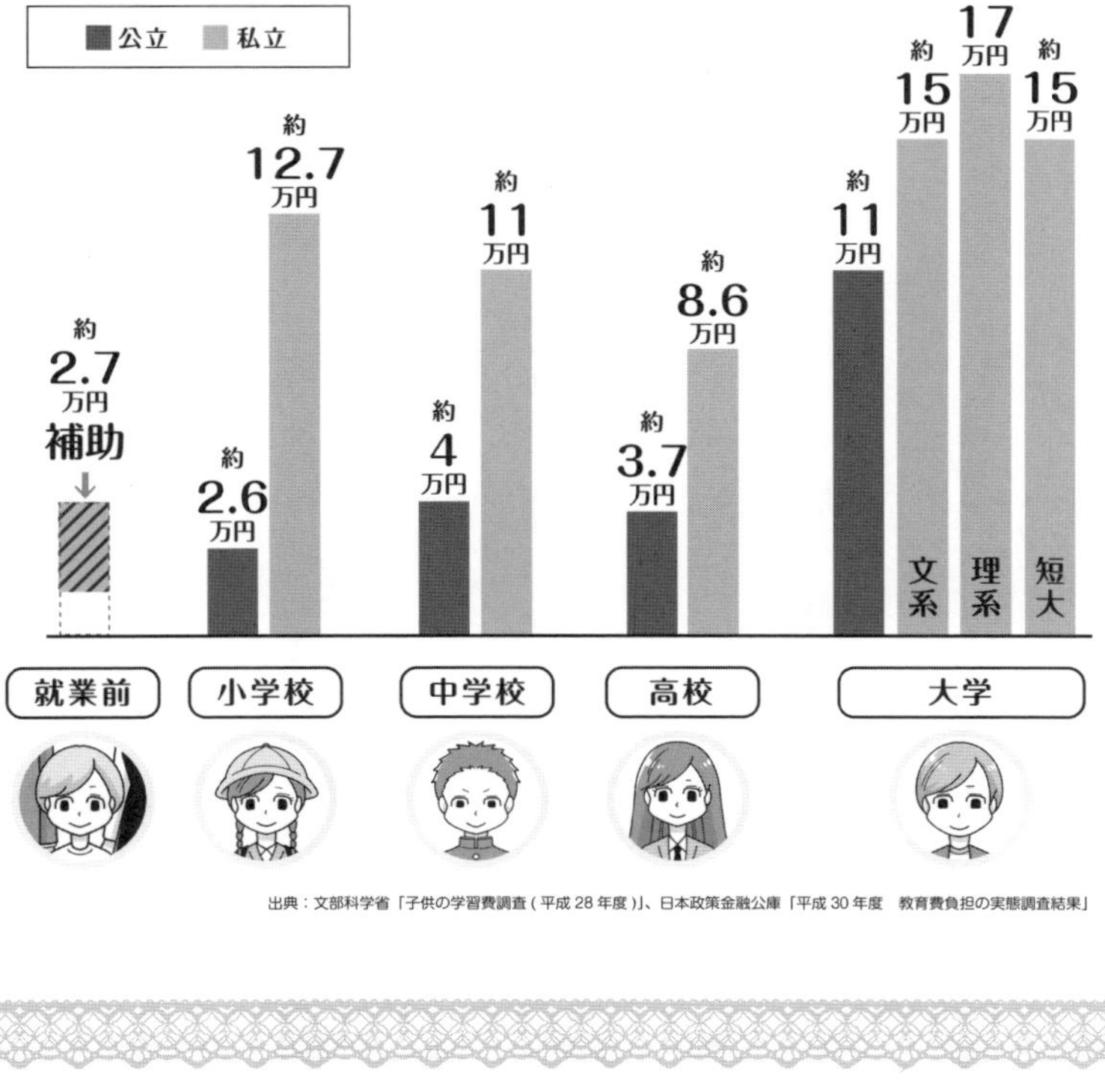

出典：文部科学省「子供の学習費調査（平成28年度）」、日本政策金融公庫「平成30年度　教育費負担の実態調査結果」

世代の人からすると羨ましい〝追い風〟もあります。

自分でプランニングする自信がない場合は、信頼できるマネーの専門家を頼るという手も。現実的なマネープランができあがることで地に足の着いた計画を実行できるのはもちろん、知人には相談しにくい金銭的な不安や悩みを打ち明けることで、心のモヤモヤがなくなったという方もいます。

教育資金との戦いは約20年間の長期戦になるのですから、どうせなら前向きに、「子供を進学させるのが楽しみ！」くらいの気持ちで準備できるといいですね。そのためにも、我が家はどのような環境で子供の成長や教育を見守っていきたいか？　妊娠や出産のタイミングで、夫婦家族でじっくりと語り合う時間を持つことをおすすめします。

実践編①
貯蓄の前に改善しておくべき節約のココロ

＊あらすじ＊

我が子のために教育資金の準備を頑張ろう!と意気込む夫婦は、可能なかぎりの節約生活をしようと決意。しかし結果的には貯金どころかストレスが貯まり、大喧嘩に発展してしまった。教育資金という大きな目的のために貯蓄と節約はセットで行うのは当然だが、二人の何がいけなかったのか。ソクラ哲に代わって相談を受けたクサンティッペが伝授した「節約の心得」とは?

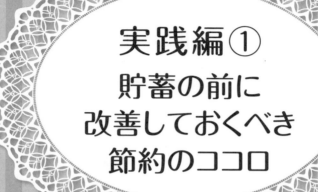

実践編①
貯蓄の前に改善しておくべき節約のココロ

ねえ 水道水
ジャー
あ ごめん
シャワーに1時間も…
頑張って節約しようって約束したのに
本当にやる気あんの!?
……というわけで
子育てキャリア
ソクラ哲の子育
ソクラ哲の子育て相談室
相談に来たのですが
えっと

ソクラ哲さんは？
妻　クサンティッペ
は？ あたしじゃ悪いのかい？
いえ そういう わけでは
ちなみに先生は今どちらに？
今朝はありったけの尿瓶を浴びせてやったから川とかで洗ってるんじゃないかい？
ザブ
ザブ
それは何かのプレイですか？
まあ先生がご出勤されるまで
せっかくなので奥様からもアドバイス頂けたらと
そうだねえ…第一印象で感じたことは
まずアンタ

クズの臭いがする
はぁ？
ガタンッ
稼ぎが少ないクセに能天気
細かいことは女房にまかせて上手くいってると勘違いしているタイプ
そしてあんた
あんたはそんな亭主の稼ぎに不満を感じながらも自分では対策を打とうとせず意外に浪費を重ねているタイプ
ほぼ当たってる…
さすがの眼力
大体あなたたち
くだらないことで喧嘩したみたいだけど
みっともないとは思わないの

みっともないってなんですか！
無駄な出費を一生懸命削ろうと努力してるんじゃないですか
ふ〜ん
その無駄を削った結果
無駄な喧嘩が増えたってわけね
!!
!!
いい？あんたらがやってるのは節約じゃないわ
無理に切り詰めてるだけ

節約っていうのは基本的に
お金を上手に使うことなんだから
上手に使う？
そうよ 値段の割に素敵なモノを買えたときのあの感動 わかるでしょ？
あれを日常生活の消費に取り入れるのよ
¥1.000
今の時代 割安なのに質のいい商品やサービスなんていくらでもあるんだから
例えば格安SIMとかさ
そういうお金の体質改善をすると満足度の高い生活を維持しつつお金も貯まるようになるわ
改善

なるほど～
節約というのは「お金を使う楽しさを味わう」ということなのですね～
さすがソクラ哲さんの奥さんね
うんうん
うん…なんか哲学的だ
ピクッ
哲学的だぁ～～？
私はその言葉が一番キライなんだよ！
哲学のせいで私がどんだけ苦労したかアンタらに想像できるかい！
挙句の果てに死刑なんかになりやがって！

そんな学問関係なく
これは私が生活の中から
身につけた知恵だよ
生活の知恵
大体 仕事もしないで
こんなボランティア
相談室開いて なに
考えてんだい
あのバカは
すいません…
まあまあ奥様
お仕置き
してやる
え？
戻ってきたら
転生したことを
後悔するくらいの
お仕置きをしてやる
覚悟
しとくん
だね!!
……はぁ はぁ

Commentary
解説

「節約＝切り詰める」からの卒業

教育資金の具体的な貯め方を考える前に、お金にかかわる体質改善をしておきましょう。そうでないと、貯め方自体は適切なのに手元にあまり残らなかったり、お金は貯まっても貧しい思いに耐え続ける十数年になりかねません。

まず行ってほしいのはズバリ、節約に対する姿勢や考え方を変えることです。節約と聞くと、水道光熱費などを小さな努力の積み重ねで削減するウラ技的なものを思い浮かべるかもしれませんが、本書ではその手の節約術を重視しません。塵も積もれば山となるですから、たとえ数十円の削減であっても馬鹿にはできませんが、そのために細かすぎると言っていいルールを設け、結果的に疲弊してしまったご家庭をたくさん見てきたからです。

本当に節約上手な人は、切り詰めるのではなく、上手にお金を使っています。具体的には、モノやサービスの価値が価格を上回っていると思えたときにだけお金を使うのです。自分にとって価値あるもの、必要なものを買うときにだけ財布を開くので、無駄な出費というものが発生しません。支出に納得感が伴っているから買い物後の満足感もたっぷりです。

一方、切り詰める節約をよしとしている人は、判断基準が価格だけのため、精神的にも物質的にも豊かな消費活動がしにくい傾向にあります。これが目には見えにくい悪影響をもたらし、疲弊や消耗につながるのです。

節約上手な人はバーゲンに行かない？

買い溜めが好きな人には浪費癖がある、という話を聞いたことはないでしょうか。厳密なソースがあるわけではありませんが、そうした傾向は確かにあると思います。不必要なモノを不必要なタイミングで購入しているからです。

これはバーゲンで大量購入する人にも同じことが言えます。節約上手な人は、価格よりも価値に重きを置いているので、たとえ安くてもそのとき欲しくなければ何も買いません。自分のタイミングで消費活動を行うということは、そうした衝動買いを防ぐことにも役立つのです。

上手に使う楽しさを覚える

お金の使い方が上手になると、節約に付き物のストレスから幾分は解放されるはずです。必要以上に財布の紐を固めることもなくなり、無意識レベルで行っていた無駄遣いも自然になくなるでしょう。教育資金という大きな目的のために、できるだけ使わないのではなく、日々、丁寧に使っていくこと。消費への欲望は誰にだってあるものですから、どうせ節約するなら、賢く、上手に、気分よくやろうというのが本書の考えです。

あなたの家計はメタボかスリムか？

節約への姿勢・考え方を変えるのと同時に、必ず習慣づけたいことがあります。家計簿をつけることです。実は家計簿が苦手だという方は少なくなく、「ついついさぼってしまう」「いつも3日坊主で終わる」といった声もよく耳にします。

しかし、効果的にお金を貯めたいなら、どんな形でも結構ですので、家計簿は絶対につけましょう。理由はレコーディング・ダイエット（その日飲み食いした物を記録する）の理屈と同じで、「管理することで意識が向く」からです。なんとなく欲しいモノやサービスがあっても、それを購入することで家計簿につけなくてはいけない、数字として向き合わなければいけないとなると、無駄遣いは減り、スリムな家計になっていくものです。

逆に、それでも欲望を抑えられない方は、ゆるみっぱなしのメタボ家計へ一直線の恐れが……。手遅れになる前に一念発起しましょう！

家計簿初心者はざっくりでもOK

最初から完璧につける必要はありません。まずは習慣づけることが大切なので、慣れないうちはざっくりで結構です。費目も、「固定費」「食費」「日用品」「その他」などの大カテゴリーでも構いませんし、気になる費目だけつけるのも一つの方法です。ツールやつけ方にも同じことが言えます。エクセルなどでビシッと管理できるに越したことはありませんが、ノートにレシートをペタペタ貼っていくだけ、なんてやり方でも十分です。かわいいデザインや育児日記とセットの家計簿を使ってモチベーションを保つ、なんて工夫をしている方もいらっしゃいます。家計簿は継続してこそ力を発揮するので、自分に合ったやり方を選んでくださいね。

らくちん管理なら家計簿アプリがおすすめ

ノートやエクセルで手動管理するのもいいですが、もっと楽をしたいなら家計簿アプリをおすすめします。レシートはスマートフォンのカメラで読み取るだけで簡単に記録できますし、銀行口座やクレジットカードを登録しておけば、入出金やカード履歴データを自動で取得し、家計簿に反映してくれます。ほかに、収支のグラフ表示や家族間での情報共有など、便利な機能がついているアプリもあります。

家計簿をつけるうえでの大敵が「面倒くささ」だとすれば、この手のアプリはかなりの助けになってくれるはずです。ゲーム感覚で操作できますので、どの方法でつければいいか迷っている方は一度試してみてはいかがでしょうか。

使途不明金を解明せよ

家計簿をつけると、我が家がどんなことにお金を使っているのか、その内訳が費目ごとにわかるようになるのですが、ここで必ずと言っていいほど登場するのが使途不明金。何に使ったのか、どこに消えたのか行方がわからないお金が出てくるのです。贅沢をしているつもりはないのに、なぜか家計は毎月ピンチ…という方は、この使徒不明金が問題になっている可能性が高いです。

使途不明金は少額のものが多く、たとえばコンビニでのちょっとした買い物や、カフェでのお茶代など。少額なので「まあいっか」と記録を怠りがちになったり、後回しにしてそのまま忘れてしまったりするケースが多いようです。また、レシートや領収書が出ない支払いにも注意。たとえば同僚や友人との割り勘で支払う飲食代は、自分用のレシートがないため記録をつけ忘れがちです。現金を支払ったらその場で記録するくらいの癖をつけたいものです。

この使途不明金のやっかいなところは、「出

費した」という記憶が消え去っている点でしょう。満足できるお金の使い方をしていないため、似たような出費を幾度も繰り返してしまうんですね。そうなるともはや浪費、無駄遣いに等しく、メタボ家計の典型例でもあります。

家計簿はこういう悪い癖を正すのにも役立ちますから、ぜひ活用し、上手なお金の使い方を身につけていただきたいです。

固定費の垂れ流しは全力でカット！
各支出のバランスをヒントに家計の見直しを

節約への意識を変え、家計簿の集計から毎月使っているお金を把握できたら、我が家の支出バランスがわかるはずです。これとにらめっこしてください。…どうでしょう？「ここはもうちょっと減らせるかも！」という費目はありませんか？

たとえば次ページの支出バランスの家計の場合、保険料の支出が全体の12％もあり、掛捨て中心であるなら高め。学資保険や終身保険、個人年金保険など貯蓄も兼ねる保険が含まれるなら、貯蓄分を抜いて考えましょう。また、通信費が占める割合も、もう少し下げられる気がします。その他、すぐに改善できそうで、しかも効果の高い固定費から見直し案を考えてみましょう。変動費ではなく固定費からメスを入れるのは基本中の基本で、見直しによる初期コストがかかる場合もありますが、長期的に見るとかなりのメリットを得られると思います。

7割の人がテキトーに入っている？

家族にもしものことがあったときの経済的リスクをカバーするために保険は有効ですが、66・6％の方が保険のあれこれをよく理解せず加入していることが、生命保険文化センターの調べで明らかになっています。また、加入にあたっては「生命保険会社の営業職員」経由が約5割弱と最も多く、66・7％の方が「特に比較はしなかった」とも答えています（平成30年度『生命保険に関する全国実態調査』）。

このような方が結果的に適切な保障に加入できたかどうかはともかく、保険は住居費や教

支出バランス（DINKSの例）

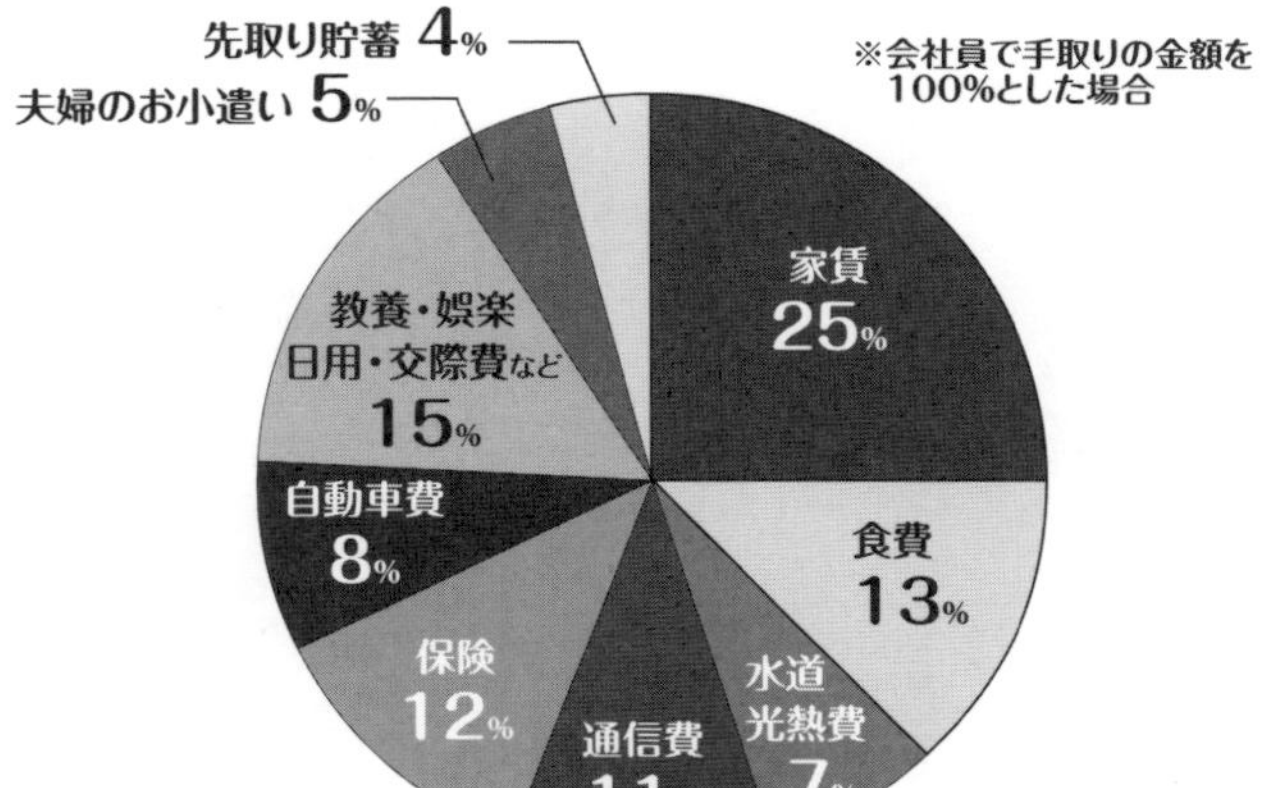

育費・老後費の人生の3大支出に次ぐ支出ですから、よく理解していないのにお金を払い続けるのは避けたいもの。該当する方は保険証書を取り出し、保障内容を再確認することをおすすめします。

必要な額をシミュレーション

とはいえ、我が家の適正な保障内容がわからないという方もいるでしょう。やや難しい知識が必要になりますので、難しければファイナンシャルプランナーや保険のプロに頼ることをおすすめしますが、ご自身でシミュレーションすることも可能です。死亡保険は、遺族が生きていくのに必要な金額を補てんする保障ですから、「明日にでもパートナーが亡くなったら」と想定して次のような計算をしてみてください。

❶現在の生活費(住居費を含む)から、亡くなった本人の生活費を引き、月額の生活費を出す
(計算が難しい場合は現在の生活費の7~8割と仮定)
❷遺族年金などの公的保障と自分の見込月収を合わせた額から、毎月の不足額を出す
❸毎月の不足額×年数(子供が独立するまで、残されたパートナーが年金受給するまでのいずれか遅いほう)を出す
❹子供の教育資金分を足す

合理的と話題の収入保障保険がおすすめ

「明日にでもパートナーが亡くなったら」という想定で、とお話しましたが、実際には5年後かもしれないですし、10年後かもしれません。いえ、幸いにもそんな不幸は起こらず、子供が独立した後も一緒に頑張っていけるかもしれません。その場合、同じ保険のままだと想定とはかけ離れた死亡保険を契約し続けることになります。何が言いたいのかというと、死亡保障とは本来、子供の成長や貯蓄の増加に伴って必要な額が低くなるものなのです。

　そこで、もし、あなたが加入している保険が平準型、つまりパートナーがいつ亡くなっても受け取れる金額が変わらないタイプの保険の場合、それを減っていくタイプの保険に変えるだけで保険料のコストダウンが期待できます。「収入保障

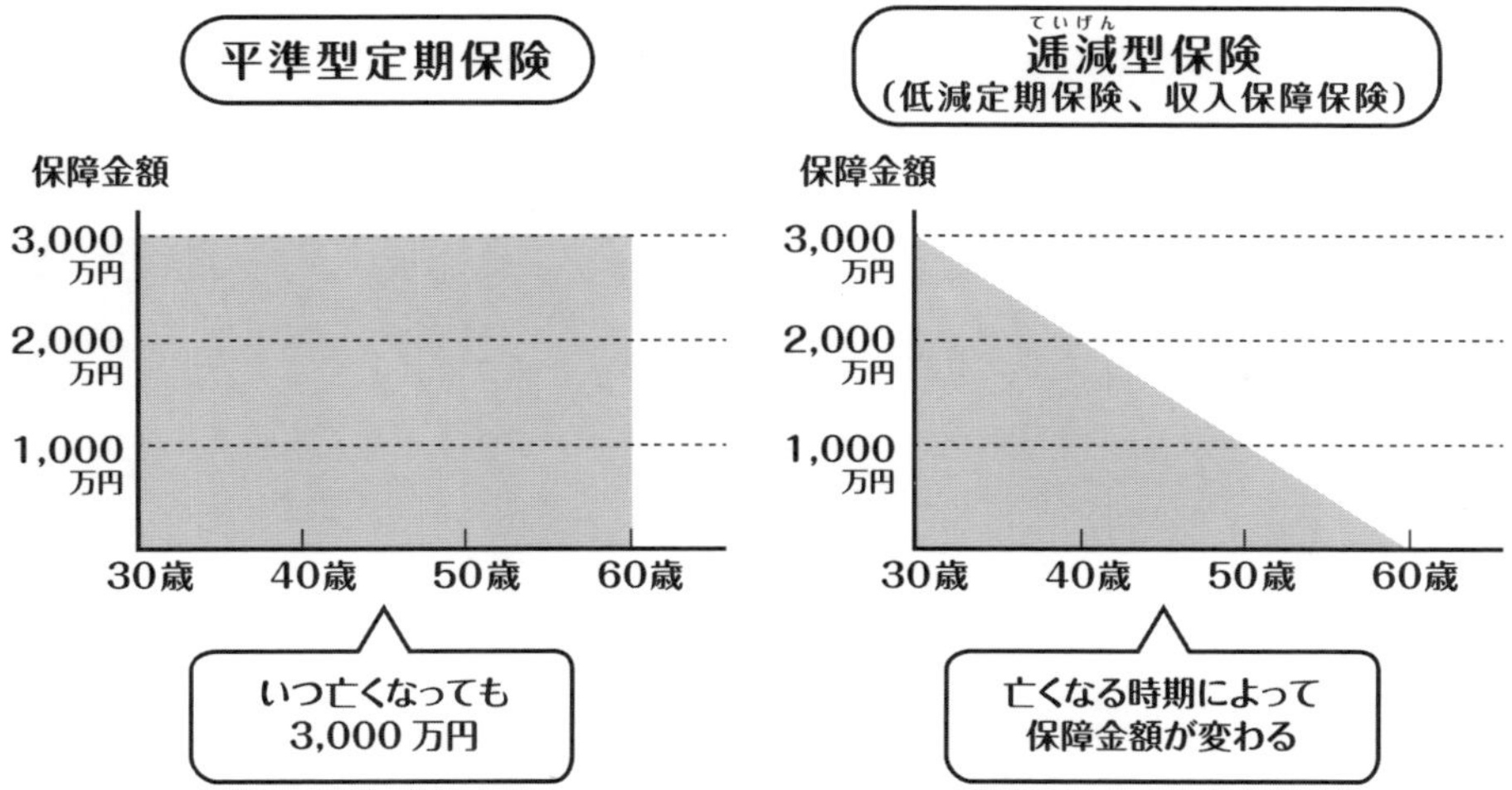

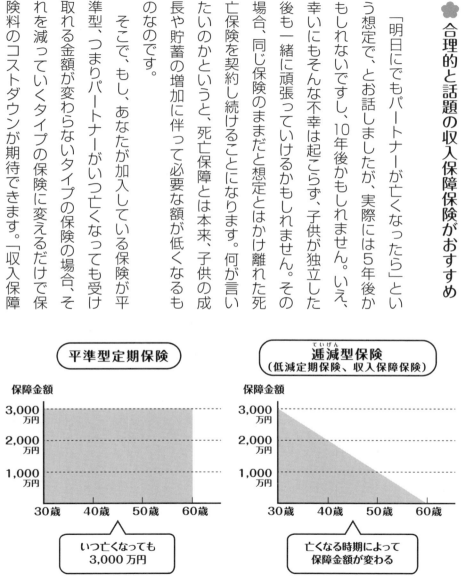

保険」といって、加入時から年月が経つにつれて死亡保険金の総額が減っていく代わりに、保険料が割安なのが特徴。保険金を月額で受け取ることができ、給料のような形で保障されることから、このような名称で呼ばれています。受取金額が目減りしていくことに抵抗があるかもしれませんが、述べた通り、死亡保障の必要性はライフステージが進むにつれて減少するのが通常です。合理的かつ保険料のコストダウンも図れる保険として、検討に値する保険だと言えます。

医療保険は公的保障制度を知ったうえで検討したい

よくわからないまま加入している方が多いと思われるのは民間の医療保険も同じです。病気やケガで入院したり、手術を受けると大層なお金がかかりそうですが、私たちは国民皆保険制度という、世界を見渡してもトップクラスの公的保険に加入済です。かかった医療費のうち、自営業の方は国民健康保険が、会社員の方はそれぞれの健康保険組合等が最低7割を負担してくれるため、たとえ10万円請求されても3万円の自己負担で済みます。

また、高額療養費制度といって、月初から月末までの1カ月間にかかった医療費の自己負担額が規定の上限を超えた場合、その差額を払い戻してくれるしくみをご存知でしょうか。上限額は年齢と所得によって区分されていますが、70歳未満の「区分ウ」(一般的な年収の方)

だと8万円ほどです。実際は50万円かかっても、請求されるのは約8万円で済むのです。おまけに、1年間に3回以上、高額医療が続いた場合、それ以降の自己負担はさらに安くなるという至れり尽くせりの制度です。

民間の医療保険は、こうした社会保障を知ったうえで、「それでも足りない」「貯金は切り崩したくない」などと思った場合に加入を検討してください。足りない分すべてを民間の医療保険でカバーするなら相応の保障が必要ですが、ある程度の負担は貯蓄で対応できるなら必要最低限の保障でいいはずです。なかには「医療保険は不要」だと言い切るマネー専門家もいるくらい、現状の公的医療制度は充実しています。

こんなにすごい！高額療養費制度の一例

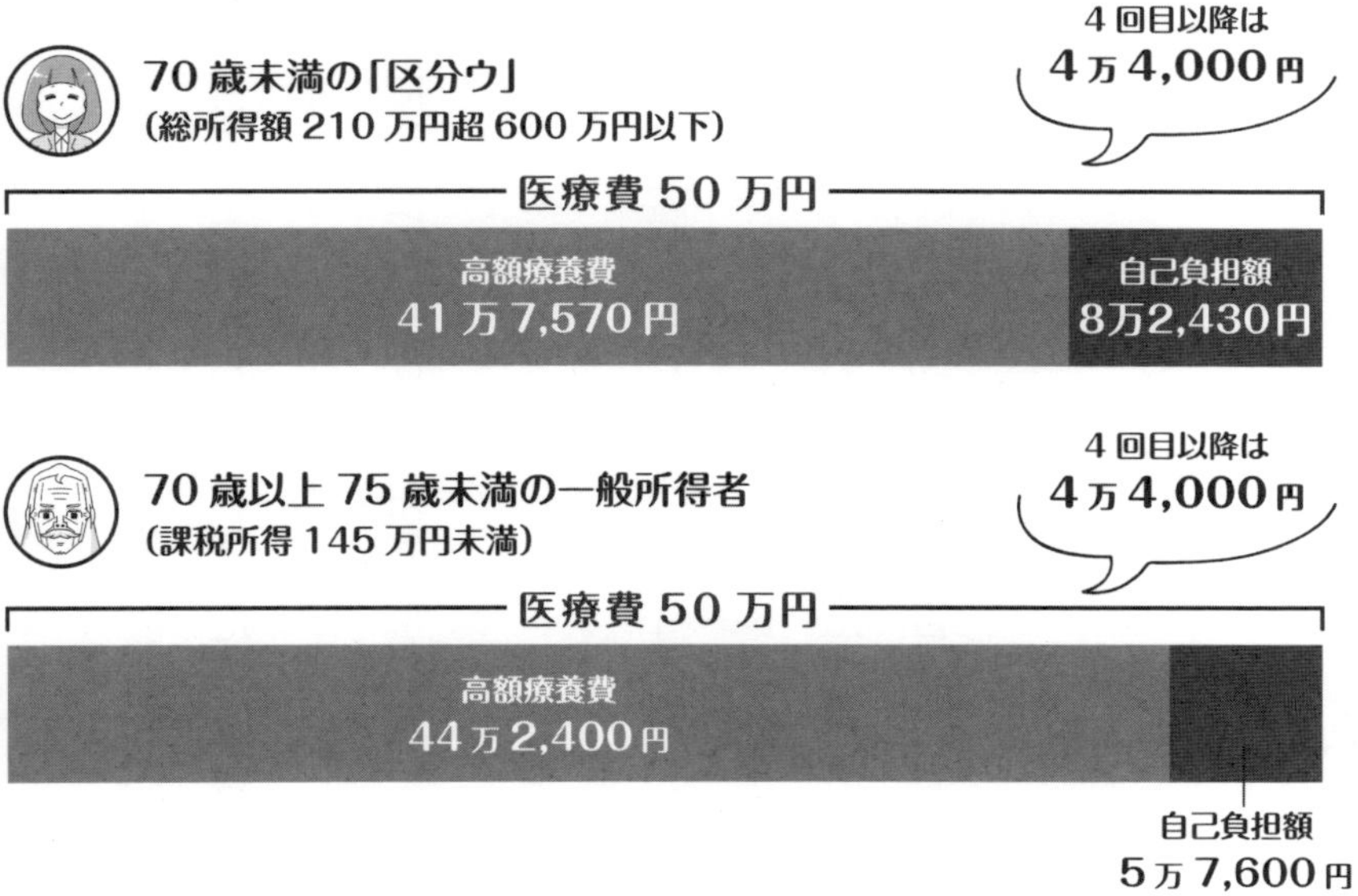

住居費は手取りの3割超で黄色信号

住居費は収入の約3割までというのが目安で、それを超えてかかると貯蓄に影響するといわれています。手取り25万円の家計だと7万5000円程度ですね。これを、たとえば2・5割の6万2500円までに抑えると、1カ月で1万2500円、1年では15万円にもなります。3割が目安とされていますが、子供には教育費以外にもなにかとかかりますので、2割～2・5割くらいまでに抑えるといいですね。

とはいえ、住居費はすぐに対処できるものでもないので、3割を超えていても焦る必要はありません。賃貸の方は引っ越しの検討に、マイホームの購入を考えている方は毎月の返済額の目安に、すでに住宅ローンを組んでいる方は返済額（マンションなら＋管理費・修繕積立金）の見直しに役立ててください。特にマイホームの場合は、理想や憧れも手伝って少々無理をした予算を組んでいるケースも少なくありません。総額も大切ですが、毎月返していけるお金を見誤るとその他の出費や貯蓄に影響しますので、無理は禁物です。

水道光熱費の節約は自然で長期的にできる方法を

水道光熱費を削減するために細かすぎるルールを定めるのはあまり賛成しませんが（シャ

ワーは15分で出ること！など）マメな節水や節電はやらないよりはやったほうがいいに決まっています。ただ、継続した〝我慢コスト〟がかかる方法よりも、一度、適正化しておけば、しばらくは特に意識しなくても続けられる方法を探るべきです。

たとえば、節水効果の高いシャワーヘッドに替えたり、照明器具をＬＥＤに替えたりするなど。機器や環境によっては年間で1万円以上安くなる場合があります。インターネットで電気料金やガス料金を徹底的に比較し、少しでも安い会社に切り替えるのもいいでしょう。ポイント付与やセット割引などもあり、相乗効果を期待できます。

格安ＳＩＭの登場で劇的なコストダウンも可能

通信費については、格安ＳＩＭ（ＭＶＮＯ）の登場でかなりのコストダウンを図れる時代になりました。大手キャリアから格安ＳＩＭへ乗り換えるには多少の知識や面倒な手続きが必要ですが、それまで月1万円以上かかっていた携帯料金が３０００円程度に収まるケースは珍しくなく、端末もセットで購入する、家族で同じ格安ＳＩＭ会社を利用するなどの割引手段を併用すれば、さらにお買い得になりえます。

通話料は大手キャリアよりも割高ではあるものの、かけ放題の定額制オプションをつける、ＬＩＮＥなどチャットアプリの通話機能で代用する、などをすれば料金はかさばりません。

チャットアプリは、通信環境によっては不安定になることもありますが、電話の代替手段として十分に機能している節約ツールだと思います。

契約は定期的に見直し、お得なプランがあれば気軽に乗り換える

大手キャリアと契約している方でも節約は可能です。総務省の意向もあり、今後は各社ともに工夫を凝らしたプランを発表してくると予想されます。そもそも、大手キャリアは格安ＳＩＭにはほとんどない対面サポートがありますから、そこに価格以上の価値を感じる方は無理に乗り換える必要はないでしょう。あくまで、目に見える形で節約したいのなら、現状のサービスでは格安ＳＩＭがおすすめ、という話です。

競争の激化が進む携帯業界ですから、今後は大手キャリアが巻き返して格安ＳＩＭの存在意義が薄くなる、なんて状況も予想できます。そのときはそのときで、気軽に乗り換えればいいのです。

大型家電などの買い替えと違って初期コストはさほどかからないので、「定期的にチェックしてプランの見直しを行う」くらいの柔軟さを持つとよいのではないでしょうか。

自動車関連にかかる費用

車は、ガソリン代、保険料、車検代、税金、場合によっては駐車場代など、カーローン以外にも年単位でみると結構な金額がかかります。総務省の『平成30年 家計調査』によれば、車両費も含めた月額平均は約2万2000円だそうですので、1年間で26万4000円、子供が成人するまで乗り続けたとして、20年間でざっくり500万円ほどかかる計算になります。

交通の便がよいところに住んでいる方や、月に数回乗る程度で、なくてもそう困らないという方は、思いきってここにメスを入れるのはどうでしょうか。車が必要なときは都度レンタカーを借りれば済みますし、月に数回、短時間ではあるけれど必ず乗る用事があるという方は、カーシェアリングという手もあります。カーシェアリングとは会員間で車を共有し、借りるサービスで、ガソリン代や保険料はかからず、走行距離とレンタル時間に応じて利用料金が決まるというのが特徴です。レンタカーと違い、原則、月会費がかかりますが、15分や30分単位でも利用できます。

もちろん、お住まいの地域や家庭の事情によっては必需品という方もいますし、夫婦でドライブするのが大好き！など、嗜好品として手離したくないという方は無理しなくていいでしょう。燃費のいい車に乗る、コンパクトカーや軽自動車など税金の安い車を選ぶ、任意保険をダイレクト自動車保険に切り替える、できるだけセルフスタンドでガソリンを入れるなど、工夫できることは多々あります。

惰性で続けている習い事は積極的にカット

習い事は将来への投資とも取れるため簡単にカットしにくい固定費ですが、明らかに垂れ流し状態になっているものはないでしょうか。よく目にするのは、フィットネスジムの幽霊会員ですね。最初はやる気満々で入会したのに、いつの間にかサボりがちになり、気がつけば月に数回程度…という方は少なくないように思えます(笑)。

そうした習い事は潔く全面カットするか、コストダウンを図る代替案を考えましょう。フィットネスジムでいえば、自治体のスポーツセンターなら1回数百円程度で利用できますし、器具を使わなくても効果のある自重トレーニングなら自宅でも可能です。

子供の塾や習い事にしても基本的には同じです。親が習わせたいことを子供が嫌がっている場合は論外ですが、子供自身がやりたいと手を挙げたことでも、モチベーションが下がっていては見直しの対象として話し合うべきです。フィットネスジムと同様に、地域が主催するリーズナブルな習い事は結構ありますので、コストダウンが望め、なおかつ楽しめそうな教室はないか探してみましょう。

学習塾費については簡単に削れませんが、最近はアプリやウェブサイト経由で入会できるオンライン学習塾もあり、対面指導よりも安価で学べることが多いです。

大人でも子供でも、投資に見合っていない習い事は無駄な買い物と同じ。習い事にかけていた時間とお金をほかに分配するほうがよほど効果的です。

Column

やってよかった、習わせてもらって感謝している習い事は?

小・中学校時代にかける習い事の費用が少なくないことは、『計画編2』で確認したとおりです。せっかく費用をかけるのだから、大人になった後でも「やってよかった」と思える習い事をさせたいもの。

そこで、現在、大学等に通う学生さんにアンケートを実施し、どんな習い事がやってよかったのかを聞いてみた結果が下のグラフ。1位に『スイミング』、2位に『ピアノ』と、大学生の親世代でも人気だった習い事が子供たちにとっても評価が高いことがわかりました。

逆に、「文字は一生もの」と言われ人気が高いイメージがある『習字』よりも、『英語・英会話・その他の外国語』が勝ったのは時代を感じるところ。英語教育は2020年の教育改革で強化されることが決まっていることから、10年後に同じアンケートを実施すると1番人気になっているかもしれません。外国語は子供の頃から始めたほうが有利という声も聞きますし、ペラペラにはなれなかったとしても、役立つことは多いのではないでしょうか。

一方で、「特になし」という回答が個別の習い事を上回っている悲しい現実もあり、親の期待と子供のやりがいのマッチングが難しいことを再認識しました。我が子にとってベストな選択をするためにも、親子でよく話し合うことが大切ですね。

やってよかった、習わせてもらって感謝している習い事

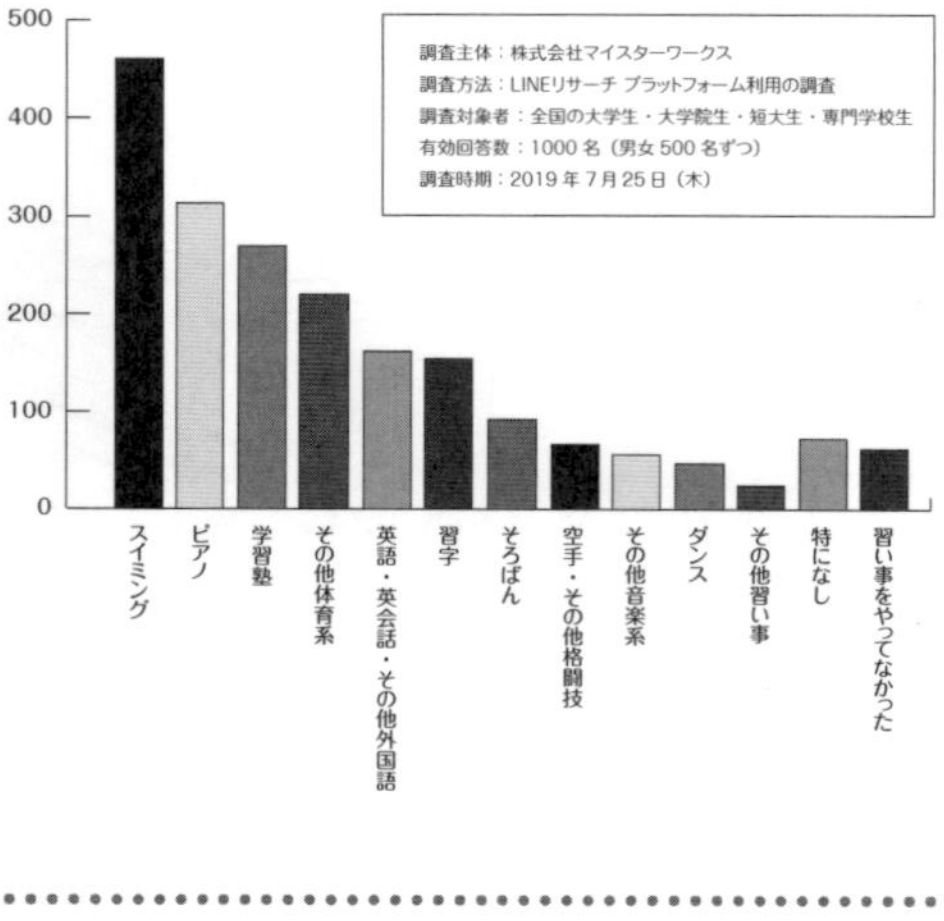

実践編②
効果的に貯める・増やす!
その具体的な方法は?

＊あらすじ＊

出産予定日が近づいてきたことで少々焦る夫は、一人で相談所を訪問。どうすれば効率的に貯めることができるのか、その具体的な方法を聞き出そうとしていた。「教育資金は長い年月をかけてコツコツ貯めることが基本」と振り返るイロハに対し、ソクラ哲が出した提案は「金融商品の組み合わせ」。教育資金を資産運用で増やすにあたっての注意事項を伝授する!

教育資金を貯める裏技ですって～？
まったく～まだそんなことをおっしゃってるんですか！
児童手当＋時間を味方につけた毎月のコツコツ貯金！
500
当たり前ですがこれが最強の方法なんです
いや～それはわかってるんですが
もっと手っ取り早い方法もあるんじゃないかと思って
もうすぐ予定日ですし
嫁さんを安心させたくて

保険…
え？
ああ！
ぽんっ
保険で
貯めるという手も
ありますぞ？
聞いたことくらい
あるでしょう
学資保険や
こども保険といわれる
貯蓄型保険ですよ
祝金
祝金
満期金
中学校
高校
大学

予定日前でも加入できる商品もありますし
出産予定日の140日前から
若ければ若いほど保険料が安くてお得
子どもと親の年齢で決まる
保険料として支払うから強制貯蓄効果もある
お預かりしまーす
保険会社
給料
おまけにもし保険料の払込期間中にあなたが亡くなっても
死!!
払込は免除になるうえ予定していた学資保険金はちゃんともらえます
学資保険かあ～生まれてからでいいかと思ってたけど妊娠中でも入れるんですね～
生まれてからだと意外とバタバタするので今のうちに加入しておくほうが利口ですぞ

※詳しくは「マンガでわかる 9割の人が気がつかない保険のヒミツ」を見てね！

学資保険のほかにも手段はありますよ〜
リスク大
リスク小
リターン大
リターン小
株
債券
投資信託
保険
国債
預金
多少のリスクを受け入れられるなら投資信託や株での運用を組み合わせるとか
やっぱり安全重視で準備したいなら積立（定期）預金や個人向け国債低解約返戻金型終身保険などですね
・・・・・・
……でどれとどれに入ればいいんですか？
・・・・・・・
株や投資信託はリターンが約束されていない金融商品です
何度も言っていますが教育費はいついくらかかるか判明している資金ですので
リターンは少ないながらも確実な保険や積立預金のほうが向いているでしょう
いつもの先生に戻られたわ

しかし今の低金利時代
学資保険はかつてほどの
お得感を失い
長く積み立てた割には
効果は知れています
景気が
上がっても
ワー!!
我関せず
学資保険
したがって
運用次第で結果が変わる
金融商品をミックス
させるのは悪くない
選択でしょう
比率は…
そうですなぁ
仮に3万円あるなら2万円は
リターンが約束された商品
1万円は赤字になるかもしれないが
黒字になるかもしれない商品
というのが賢者の
配分でしょう
学資保険
積立預金
個人国債
など
株
投資信託
外貨建て保険
など
堅実〜！
なるほど
なるほど〜
で
もう
いいよ

冗談ですよ～

とても参考になりました
コツコツ貯金と合わせてやれば効果が望めそうですね！

あとは…

前回クサンティッペさんに教わったような目からウロコ的な考えはないかなぁ
？

やっぱり実際に教育資金を準備されてきた経験には素晴らしいものがつまっていると思って感動しちゃったんですよね僕！

節約とは上手にお金を使うことなんだよ
ハイ！

目からウロコねぇ…

フム…

なにか！

なにかできそうですか？

うっ
うーん…

奨学金を利用してもらう!
は?
発想の転換で子供にも負担してもらうのです
教育資金はもう「親子で協力しあう時代」だと考えることもできますからね
……うーん
その通りだろうとは思うけど そうさせたくないから頑張りたいわけで……
くっこの若造!
いくら賢者の私でも目からウロコの方法などそう簡単には…
そうだ クサンティッペならなんて言うか…
やけに耳に残ってるフレーズがあるぞ
はっ!
もっと稼ぎなさい
それな
ズバーン

Commentary
解説

貯蓄の順番を間違わない！上手な人はみんな先取り貯金

お金を貯めるのが上手な人とそうでない人との決定的な差は、貯蓄を固定費扱いにできるかどうかです。給料が振り込まれる口座から貯蓄用の口座へ、手取り額の2割、厳しければ1割を自動振替するなどして先取りで切り離しているのです。

これが貯蓄下手な人だと、結果的に余った分を貯蓄に回す変動費扱いにしているため、毎月の貯蓄額が安定しません。もちろん多く余る月も出てくるのですが、これが油断の始まり。「先月多く入れたからいいか」などと気持ちが緩み、余計な出費をしてしまう傾向にあります。こうしたボロを出さないためにも、貯蓄は真っ先に確保するシステムを組みましょう。

先取り貯蓄をしてもなお余剰金が出た場合、それは「自由に使えるお金」だと考えてOKです。外食でプチ贅沢を味わうのもよし、教育資金とは別に家族旅行の資金などに充てるのもよし、貯蓄が喜びになっているなら追加で貯めるのもよし（笑）。とにかくハッピーな気持ちになれる使い方をしてくださいね。

児童手当は家計とごちゃ混ぜにしない！

児童手当については何度か触れていますが、利用にあたっては制度上のしくみや注意事項についても知っておいてください。

概要としては解説図のとおり、子供が生まれた翌月から中学卒業まで、子供1人あたり月1万円〜1万5000円を受け取ることができます。「中学卒業まで」と終わりのタイミングが決まっているため、誕生月によって受取総額に差が出てしまうものの、所得制限にかからなければ第1子・第2子は198万円前後、第3子以降は252万円前後がもらえることになります。

注意事項としては、自分で手続きしないことには支給されないこと。したがって出生届けが受理されたら速やかに市区町村など所定の窓口で申請してください。手続きが遅れた場合、さかのぼって支給されることはありません。

それさえ気をつければ後は別口座などに切り離して貯めるだけ……と言いたいところですが、現実には3割弱のご家庭が「子どもに限定しない家庭の日常生活費」に使っ

児童手当の対象年齢と支給額（月額）

ているという調査結果があります(平成24年『児童手当の使途等に係る調査』厚生労働省)。さらに恐ろしいことに、家計簿にすらつけずどこかに消えてしまっている使途不明金行きのケースも。ご家庭の事情はあるにしても、児童手当を臨時収入のように扱っていては教育資金が貯まりません。「お金に色はない」と言いますが、児童手当には教育費資金という色が付いていると考え、給料とは別の受取口座を用意しておくといいでしょう。

ローリスクの積立商品を利用して増やす

教育資金は必要になる金額の目星がついているので、運用にあたっては元本を目減りさせないことが重要です。リターンが低くても、全体の7割はローリスクな方法で用意することをおすすめします。

定期預金(児童手当の預け先にも◎)

いつでもお金が引き出せる普通預金もいいですが、一応は「一定期間預ける」という名目の定期預金のほうが家計と切り離すことができます。本書では児童手当には手をつけないルールを推奨していますので、そのまま自動積立定期として手堅く増やしていくのもいいでしょう。

金利には期待できないものの、ネット銀行や地方銀行を探せばマシなところもあります。また、キャンペーン中の特別金利を利用して、ボーナスなどのまとまったお金を預けるのもありです。

学資保険（教育資金準備の王様は疲れ気味？）

教育資金の準備方法としてナンバーワンと言って差し支えないほど人気の学資（こども）保険。払い込んだ保険料の一部が積立金となり、子供の進学や入学に合わせたタイミングで保険金を受け取れる貯蓄型の保険です。親（契約者）に万が一のことがあった場合には、以降の保険料払込が免除になるうえ、保険金は予定どおり保障される「払込免除」というしくみが一番の特長。この、保険ならではの強みが人気の理由なのでしょう。

学資保険を選ぶときの鉄則は一つ。できるだけリターンに期待できる商品を選ぶことです。リターンの高さは、パンフレットなどでは「返戻率」という言葉に置き換えて表示されているので、この数字が高いか低いかを確認してください。

ここ数年はマイナス金利の影響などを受け、以前ほどのお得感は薄れつつあるものの、頑張って高い返戻率を維持している商品もあるにはあります。2019年8月現在では、11

0%程度なら優秀と言っていいでしょう。払い込んだ保険料の総額が100万円だった場合、110万円になって戻ってくる計算になります。くれぐれも、返戻率100%未満の学資保険には手を出さないように！　それは増えるどころか赤字になる学資保険です。

手っ取り早く返戻率を上げるには

返戻率は、「受取総額÷総払込保険料×100」という計算式で成り立っているので、総払込保険料を低く抑えることができれば返戻率も上がる道理になります。そこで、保険料の払込期間を5年や10年など短期間で払い込むプランを探しましょう。保険会社は、まとまったお金が短期間に入ることで運用がしやすくなる見返りに、保険料を割り引いてくれます。

もっとも、短期間で払い込むということは、一回の保険料が上がるということですから、それが家計にとって負担

長期払と短期払の違いの一例

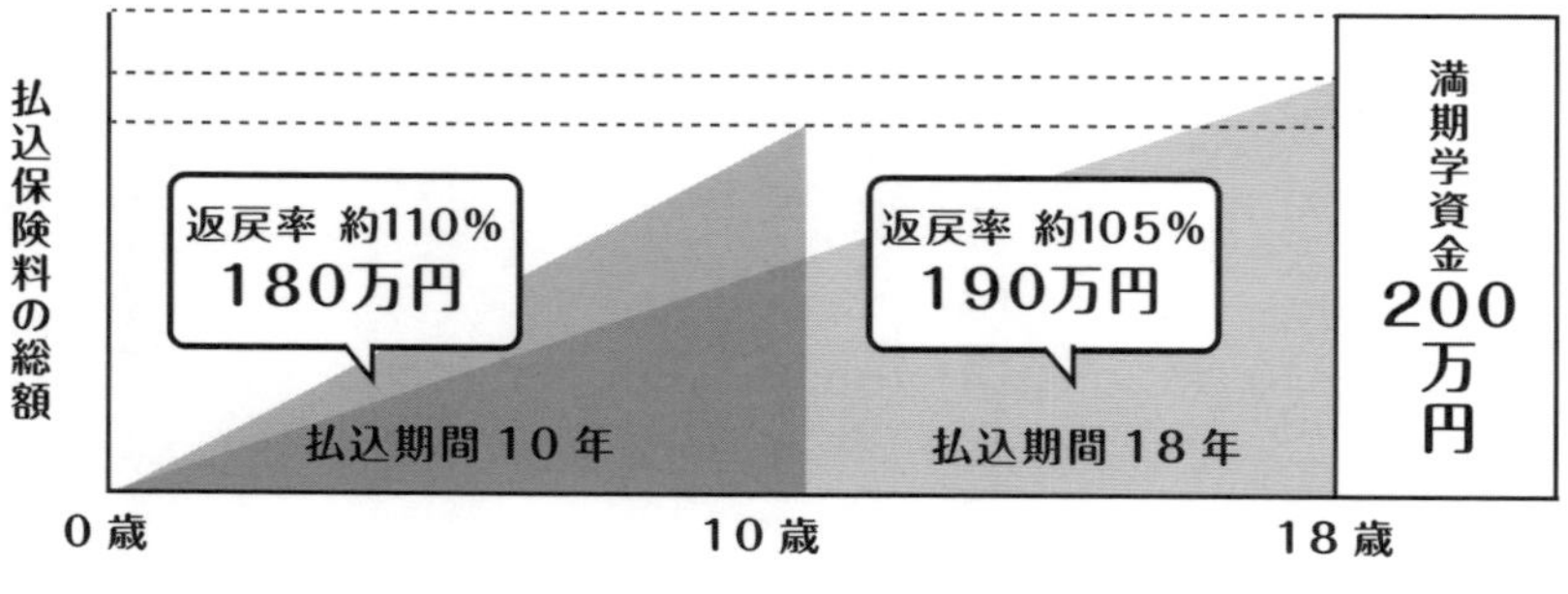

のない金額かどうかは見極めてください。万が一、支払いが苦しくなって中途解約した場合、払い込んだ保険料の一部しか戻ってこず、ほとんどのケースで損をしてしまいます。学資保険は先取りで積み立てができる強制貯蓄効果がある反面、中断すると明確なデメリットが発生するため、返戻率アップへの欲を出しすぎるとキケンです。

ちなみに、年払や一時払いで、保険料の払込回数を減らせばさらに返戻率がアップしますが、一度に払い込んだ直後に親が亡くなっても未経過分の保険料は返ってきません。つまり、今後の「払込免除」という学資保険最大のメリットが使えなくなる場合があるということです。年払や一時払を検討する際は、そうしたデメリットがあることも理解したうえで選んでください。

低解約返戻金型終身保険（学資保険の対抗馬？）

学資保険に次いで「低解約返戻金型終身保険」も教育資金の準備に利用されていることが多いです。名称だけですでに小難しそうですが（笑）、使い方としては、終身保険とは言いつつ、途中で止めるのを前提に短期払の終身保険に入り、頃合いを見て解約した解約返戻金を教育資金の足しにするというもの。終身保険の前に「低解約返戻金型」とあるのは、「加入から一定期間の払込期間中に解約すると解約返戻金が低い保険ですよ」という意味です。その代わり通常の終身保険より保険料が割安なので、払込期間中の解約さえしなければお得感があります。

低解約返戻金型終身保険が学資保険と大きく異なる点は3つ。1つ目は、被保険者に子供が絡まず、親だけで完結し、加入のタイミングに制限がないこと。妊娠したばかり、結婚したばかりの人でも加入でき、早い時期から教育資金の積立を始めることができます。

2つ目は、教育資金以外にも流用しやすいこと。学資保険が、満期が決まっている期限付きの保険なのに対して、終身保険は、死亡するか、自分で解約しないかぎり入り続けることになります。子供がすべて国公立に進学したりして思った以上にお金がかからなかった場合、そのまま持ち続けて自分たちの老後資金に充てることも可能になるわけです。解約のタイミングを後ろにずらすことで返戻率のアップにも期待できます。

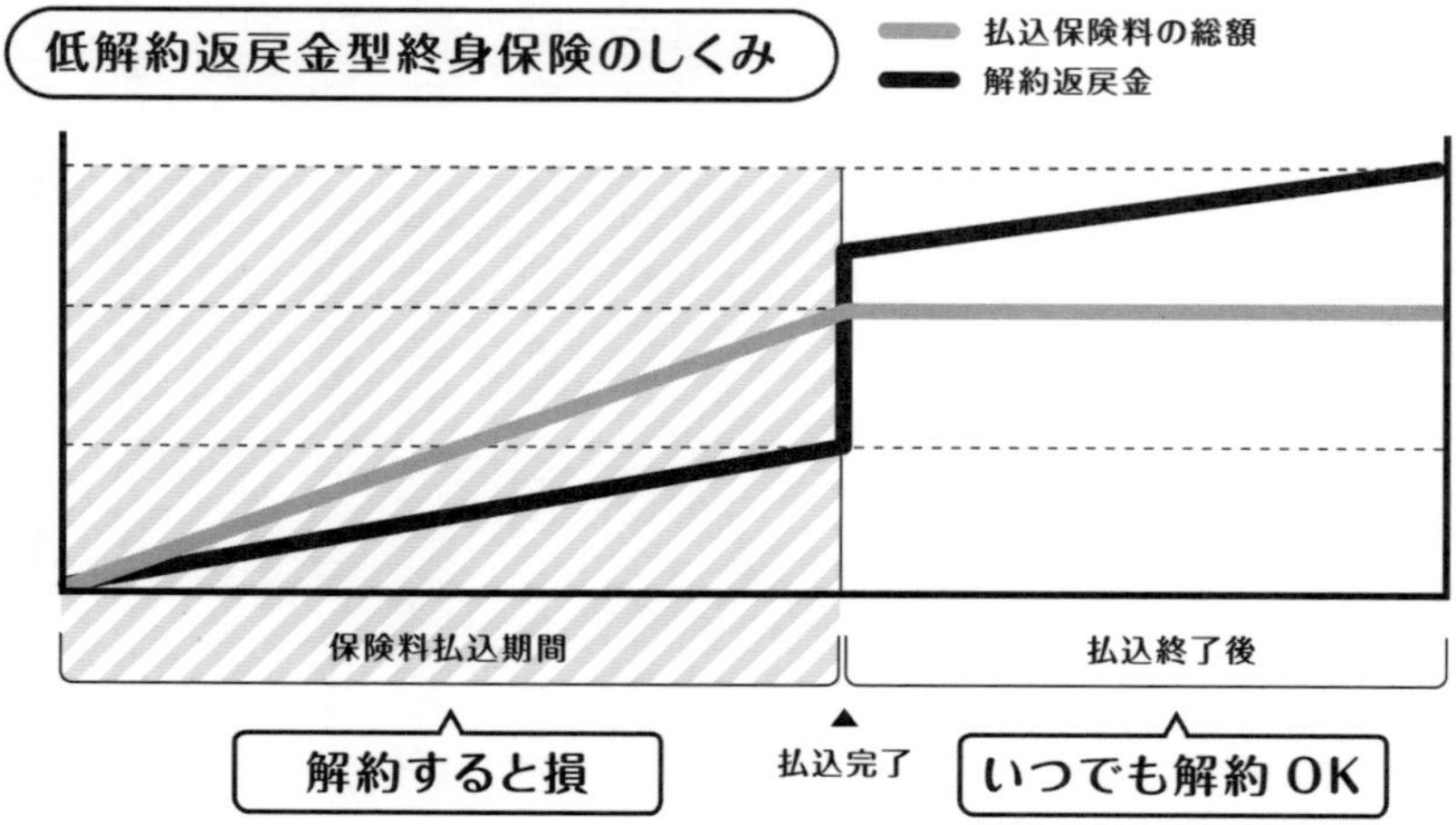

最後に3つ目は、契約者である親のもしもの死亡保障として、終身保険金額の数百万円が受け取れるので、学資保険よりも高額保障になること。学資保険も、契約者の万一の際には払込免除機能がありますが、育英年金などの特約を付けない限り、祝い金や満期金を受け取れるのは進学時や入学時などプラン通りのタイミングであり、逆に言うとそれまで待たなくてはなりません。しかし、緊急時に必要なのは今すぐ手に入る現金です。一家の大黒柱が亡くなったことでライフプランが崩れるとすれば、今後の生活を優先するためにも素早くまとまったお金が必要になります。

こうして見ると低解約返戻金型終身保険のほうが優れているように感じますが、中身は生命保険ですので、進学や入学を意識した受取プランはありません。また、保険料払込期間中の中途解約のペナルティは学資保険よりも高めなので注意が必要です。

個人向け国債（安心・安全投資の代表格）

日本国が個人向けに発行している債券（借金）を買い取り、利息を受け取る方法も手堅いです。「債券を買うなんて難しそう」と思うかもしれませんが、発行元が国であること、年率0・05％の最低金利保証がつくこと、1万円から購入可能で毎月発行されていることなどから、金融商品に不慣れな人でも運用できる代表的な商品と言えるでしょう。

個人向け国債は3種類あり、受け取れる利子が増減する「変動型10年」、発行時から満期までの利子が変わらない「固定型5年」「固定型3年」から選ぶことができます。それぞれ特徴がありますが、金利に期待できない現在、おすすめできるのは変動10年型でしょう。市場が上向けばその恩恵を受けられますし、インフレリスクに対応できるという、他の2つにはないメリットも目を引きます。

利子は年2回受け取れ、発行から1年が経過していれば中途換金が可能。一般的な貯蓄型保険よりもお金が動かしやすくて

個人向け国債の商品性の比較

商品	変動金利型10年	固定金利型5年	固定金利型3年
金利タイプ	変動	固定	
金利設定方式	基準金利×0.66%	基準金利−0.05%	基準金利−0.03%
金利の下限	年率0.05%		
利子	半年に1回		
中途換金	発行後1年経過すれば可能 ただし直前2回分の各利子［税引前］相当額×0.79685）が差し引かれる		
販売価格	1万円以上、1万円単位		
発行回数	毎月		
購入場所	銀行、証券会社、ゆうちょ銀行		

POINT

- 毎月、都度自分で買わなければならない
- コツコツ積立より、ある程度まとまった資金がある方向け
- 現状では低金利のため、選ぶなら変動型が望ましい。インフレリスクにも対応できる

いいですね。ただし、中途換金は直前2回分の各利子相当額が手数料として差し引かれるルールになっており、1年経ってすぐに中途換金するとせっかくの利子がパーになってしまいます。

リターン狙い、インフレリスクに備える積立

教育資金の7割を手堅い方法で固めたら、残りの3割は目減りしても許容できる範囲内でリターンを狙ってはどうでしょうか。変動型の商品ならインフレにも備えられますし、ポートフォリオ（資産の組み合わせ）としてのバランスもよくなります。

投資信託（運用コストが低いインデックスファンドで積立投資を）

投資といえば株式を思い浮かべるかもしれませんが、教育資金の準備に利用するなら投資信託のほうがおすすめです。銘柄選びから運用までを自分で行う株と違い、投資信託はファンドマネージャーと呼ばれる専門家に任せるしくみで、さまざまな国内外の資産（株式、債券、不動産投資信託「REIT」、コモディティ「貴金属・エネルギー・穀物など現物資産」など）に分散投資することが可能です。まんべんなく張っておくことで、大勝ちはしない代わりに大負けもしないシステムが組みやすいということです。

具体的にどんな商品で始めるのがいいのか?

慣れにもよりますが、国内外の株や債券など複数の運用対象を組み合わせるのが面倒な方なら、「バランス型ファンド」と呼ばれる投資信託1本で構わないと思います。分散投資の配分を考える必要もなく、資産全体の比率が崩れたときに行う「リバランス」というメンテナンスも自動でやってくれます。これを積立定期預金のように毎月一定額ずつ購入するしくみ(投資信託積立)にしておけば楽ちんでしょう。購入は最低100円からの少額でも可能なうえ、「ドルコスト平均法」といって、価格が安いときは多くの口数を、高いときは少ない口数を買うしくみを実践できます。これにより平均購入単価が下がり、いわゆる「高値づかみ」を避けることができ、余計な神経をすり減らさずに済みます。

自分でいくつかの運用対象を組み合わせたいという方は、個別に日本株・外国株などの「インデックスファンド」を集めて積み立てていくのもいいでしょう。インデックスファンドとは、日経平均株価や米国のダウ平均株価などの株式指標(インデックス)と同じような動きをするように設計された投資信託の一つで、市場全体の成長に乗っかりやすいのが特徴です。バランス型よりも手数料が安いため、長期にわたる教育資金の準備には有利に働くでしょう。

反対に「アクティブファンド」は、ファンドマネージャーが一定の方針の元、運用銘柄や投資割合を決定する投資信託です。インデックスファンドよりも大きなリターンを目標としていますが、それだけにリスクが増し、ファンドマネージャーの負担も増すため各手数料も高くなります。

投資信託で教育資金の一部を準備するなら

▶ バランス型ファンドでおまかせ運用

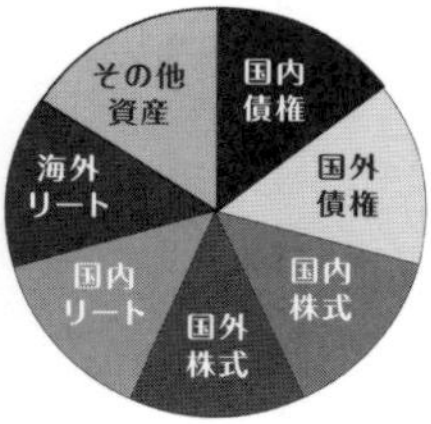

主な特徴

- 複数の資産にバランスよく投資を行う
- 1 本の投資信託で手軽に管理
- アクティブファンドの一つとして手数料が高め

▶ インデックスファンドを集めて運用　▶ アクティブファンドも組み込んで運用

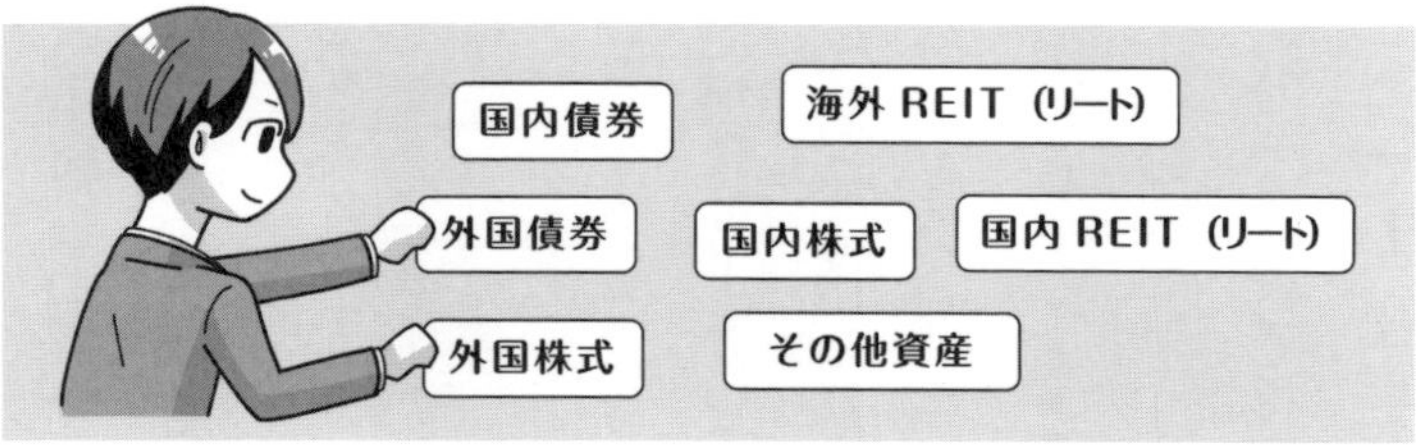

主な特徴

- 経済成長に連動
- 手数料が安い
- 初心者でも難しくない

主な特徴

- プロが分析して投資
- 積極的なリターンが狙える
- 手数料が高い

NISA（教育資金には「つみたてNISA」一択）

NISAは、正式には「少額投資非課税制度」という小難しい名称ですが、要するに、「投資で増えたお金でもNISA口座なら税金がかからない」という制度です。たとえば、100万円で購入した投資信託が150万円に増えて売却した場合、通常の口座なら50万円（利益）から税金（20・315％）を差し引き、39万8425円しか受け取れないところを、NISA口座なら50万円をまるまる受け取ることができます。

そんな便利そうなNISAですが、元々あった「一般NISA」に加え、2016年に「ジュニアNISA」、2018年には「つみたてNISA」がスタートしました。それぞれ非課税枠の金額や運用できる期間などが違い、用途や目的によって使い分けるのが正解なのですが、教育資金の準備として効果的に使うならつみたてNISAがいいでしょう。理由は積立投資であることと、商品が低コストで実績のあるものに限られているということです。また、今から始めても十分な投資可能期間があります。次ページの表を見てください。

つみたてNISAの非課税期間は最長20年間、2037年まで投資可能と、時間を味方につけてコツコツ準備できることがわかります。これだけでも、出産を控えているご家庭や子供が小さなご家庭に向いていると言えるでしょう。年間の非課税枠は40万円までと最も低いものの、総額で見ればダントツで1位です。一般NISA、ジュニアNISAの2つは、今のところ2023年で投資期間が終了してしまうのが不安材料。なんらかの延長措置があるだろうとは思いますが、現時点では未定なので、今から利用してもメリットを享受できる保証がありません。

つみたてNISAの留意点としては、投資対象の金融商品の選択肢が少ないこと。長期積立・分散投資商品として、金融庁の基準をクリアした投資信託とETF（上場投資信託）に限定され、選択肢の自由度は低いと言えます。また、非課税期間20年間の終了後、ロールオーバー（非課税枠の延長）ができないことも知っておいてください。

外貨建て保険（留学資金を貯めるならアリ？）

最近は、円ではなく米ドルや豪ドルなどの外貨

種類	つみたてNISA	NISA	ジュニアNISA
対象年齢	20歳以上	20歳以上	0歳～19歳
非課税期間	最長 20年	5年	5年
ロールオーバー	不可	可	可
非課税枠（年間）	40万円	120万円	80万円
非課税枠（総額）	最大 800万円	600万円	400万円
投資対象	株式投資信託、ETF	国内・国外の上場株式、株式投資信託	国内・国外の上場株式、株式投資信託
引出	自由	自由	18歳まで非課税の引き出し不可
投資可能期間	最長 2018年～2037年	2014年～2023年	2016年～2023年

で運用するタイプの貯蓄型保険が増えてきました。これらを総称して外貨建て保険と呼びます。現状の円建て保険よりも高い運用実績が期待できること、ドルコスト平均法などでリスク軽減も図れることなどから、保険会社はそれまでの貯蓄型保険に代わる商品として積極的に販売をすすめています。

たしかに、現状のような超低金利の円建て保険よりは有利な運用が望めるため、こうした商品を教育資金の準備金に組み込むのは一つの手ですが、外貨建て保険はれっきとした「投資」であることを忘れないでください。たとえ学資保険を匂わす商品名がついていても、中身が外貨建て保険で為替レートの影響を受けるなら元本割れのリスクをはらんでいます。日本円に替えたいタイミングが円安であればいいですが、円高であれば大きく損をするかもしれません。「円→外貨」「外貨→円」に変換する際にかかる各社独自の手数料も無視できません。

なお、円には替えず外貨のまま受け取るという選択肢もあります。将来、子供を留学させたいと考えているなら、留学先の通貨として使えば余分な手数料は発生せず、外貨建て保険のよさを存分に活かすことができます。

どうしても足りなければ…世帯収入を増やす！

以上の方法で教育資金をぬかりなく準備しておく……が、希望する進路によっては足りないケースもあるでしょう。その場合は、世帯年収を増やすしかありません。漫画ではオチで使ったほど当たり前のことなのですが、後述する「奨学金を借りる」を除いてはこの方法しかないのです。

会社員のパパ・ママにできることはシンプル

会社員であり、一家の大黒柱にできる改善は単純明快。より給料のいい職場に転職するか、副業などで収入源を増やすか、くらいです。しかし、子供が生まれたばかりの転職はリスクを伴いますし、副業は禁止されている会社も少なくないため、事は慎重に進めてください。身動きが取れないなら、大黒柱には今の職場で昇給・出世を目指して頑張ってもらうのが現実的でしょう。育休後に復帰予定のママにも基本的には同じことが言えますが、産後は健康管理が何より大事。無理をせずに長期計画で収入アップを考えることが先決です。

専業主婦のママがパートを始めるにあたって

ママがパートを始めると、どれくらい教育資金の足しになるのでしょうか。厚生労働省の『毎月勤労統計調査 平成30年分結果確報』によれば、全国のパートタイム労働者の月収平均は9

万9827円でした。年収にすると約120万円ですから、このうち1割を教育資金に充てたとしても年間12万円、10年間で120万円にもなります。この金額があるのとないのとでは全然違ってきますね。

　ところで、パパが会社員でママがパートの場合は、「手取りが変わる」と呼ばれるラインを知っておきましょう。一年間の稼ぎが一定の金額を超えると、税金や社会保険料の額が変わるのです。ざっくり言うと、年収103万円超からは所得税がかかり、130万円以上になると社会保険料が差し引かれるようになります（従業員の人数や労働時間によっては106万円）。所得税は所

ママの年収によって税金がかかるタイミング

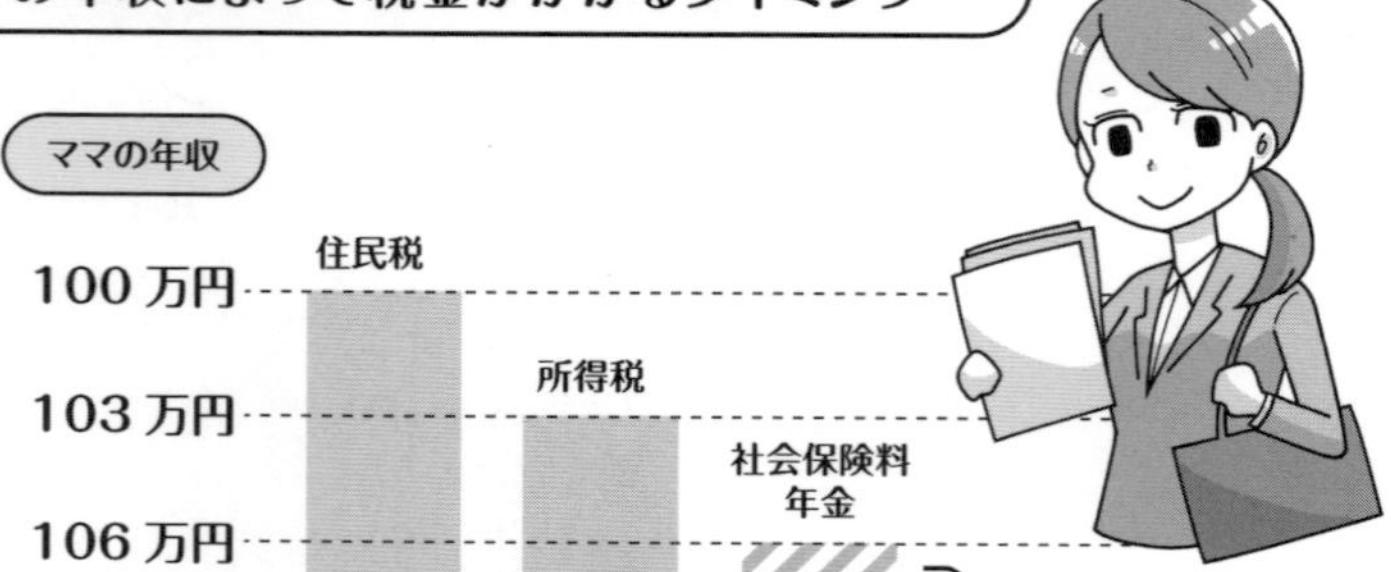

※夫の年収が1,120万円（所得900万円）以下の場合

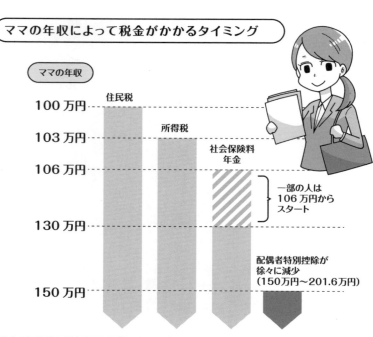

得に応じて少しずつの影響ですが、社会保険料は一線を超えると負担が始まるため、母体の体調と効率を考えて調整してもいいかもしれません。

しかし一方で、社会保険料を支払うということは、さまざまな制度の恩恵に預かれるということです。たとえば「傷病手当金」は、プライベートで負った怪我や病気で長期間働けなくなったときでも、お給料の2／3に相当する額を1年6カ月間にもわたって受け取れる制度です。これはパート先の社会保険に加入していないと使えず、パパの扶養家族に入っているママはもちろん、国民健康保険の方でも利用できません。

また、パートで社会保険に加入するということは厚生年金にも入ることになるので、将来の老齢年金や万が一の障害年金の受取額も上乗せされます。

こうして考えると、「手取りが減ること＝デメリット」というのは一時的な視点で、長期的にはメリットのほうが多いかもしれません。「子育てから少し解放される時間が貴重」「仕事にやりがいを感じる」といった場合はなおさら、「短期間の損得を気にせず好きなだけ働く」という選択肢を選ぶほうが豊かになれるのではないでしょうか。

返さなくてはいけない奨学金は「最後の手段」

なんらかの理由でどうしても教育資金が足りそうにない場合は、その不足分を奨学金でカバーするのも一つの手段です。現実に、大学生の48・9%が日本学生支援機構の奨学金を利用しており、その需要の高さがうかがえます（平成28年度『学生生活調査』日本学生支援機構）。

　とはいえ、奨学金の利用には十分な理解と覚悟が必要だと断言します。日本学生支援機構の奨学金の種類を表にまとめましたが、なかでも返還が必須で利息がつく場合もある「貸与型」は、お子さんが借金するのと変わり

日本学生支援機構の奨学金制度をざっくり解説

成績ではなく学ぶ意欲を重視!

	給付型奨学金	第一種奨学金	第二種奨学金	入学時特別増額貸与奨学金
対象／審査	経済的に厳しい世帯	成績・収入基準が厳密	成績・収入基準が緩やか	第一種または第二種の申込者 ※入学初年度に1度だけ
返還	返さなくてOK	返還必須だが利息なし	返還必須で利息あり（上限3%/年）	返還必須で利息あり（基本月額に係る利率に0.2%上乗せ）
金額（※）	最大4万円／月（私立・自宅外）	最大6万4,000円／月（私立・自宅外）	最大12万円／月（医歯系は増額可）	最大50万円（私立医療系と法科大学院）

※国公立・私立、自宅・自宅外、高等専門学校～大学院などまで分かれている。表内は大学。

第二種奨学金を利用した場合の返済シミュレーション例

貸与総額	288万円（月6万円×48カ月）
利息	年0.25%（※）
返還額	1万5,321円（最終回　1万5,408円／返還変換）
返還総額	294万1,719円（利息：6万1,719円）
返還期間	16年間

※日本学生支援機構「平成30年度　貸与利率一覧（年利%）」の平均を採用
出典：日本学生支援機構

ません。教育ローンよりは低金利なものの、社会人になってからも長期の返済が続き、結婚や出産の足かせにもなりかねません。大げさに聞こえるかもしれませんが、実際に社会問題になっている現実です。貸与型の奨学金はあくまで最後の手段と考え、やむなく利用する場合はその返済プランをきちんとシミュレーションしてください。もちろん、教育ローンも親自身の老後に影響するので、こちらも最後の手段と位置づけましょう。

民間企業や地方自治体が支援してくれる制度も

もちろん、返還不要で支援してもらえる「給付型」の奨学金なら大歓迎です。日本学生支援機構のほかにも民間企業や大学独自の給付金制度もあり、なかなか狭き門ではありますが、チャレンジしてみる価値はあります。また地方自治体では、日本学生支援機構などで借りた奨学金の返済を肩代わりする制度を設けているところも。条件は自治体によってさまざまですが(その地域内で働くことなど)、お子さんの希望に合致するなら積極的に調べてみるといいでしょう。

Column お金の問題で進学が難しいことがわかっている場合、あなたならどうする?

日本の大学・短期大学進学率は上昇傾向にあり、文部科学省の『学校基本調査」(平成30年度)では過去最高を記録しました。大学に行くのは当たり前かのように思っている子供たちも少なくない時代において、経済的な事情でそれが叶わないとわかった場合、子供たちはどういう選択をするのか、現役の大学生や専門学校生に聞いてみました。

結果、ダントツ1位は『奨学金や教育ローンを検討する』でした。ほか、『その他支援制度を模索・検討する』『学費がかからない人材育成系の大学を探す』『年数はかかっても自分でなんとかする』『新聞奨学生制度を検討する』も、手段は違えど、高校卒業後の進学を強く希望しているお子さんがほとんどであることがわかります。

しかたのない状況とはいえ、頼もしい結果だなあと思います。何かの事情で、教育資金の準備が十分にできなかった場合、親が無理をしすぎると老後資金に影響が出てしまうため、もはや子供自身に頑張ってもらうしかありません。

教育資金は親子で協力しあう時代ともいえますから、できるだけのことをしたら、「あとは自分で道を切り開いてもらう」くらいの気持ちでいてもよいのではないでしょうか。

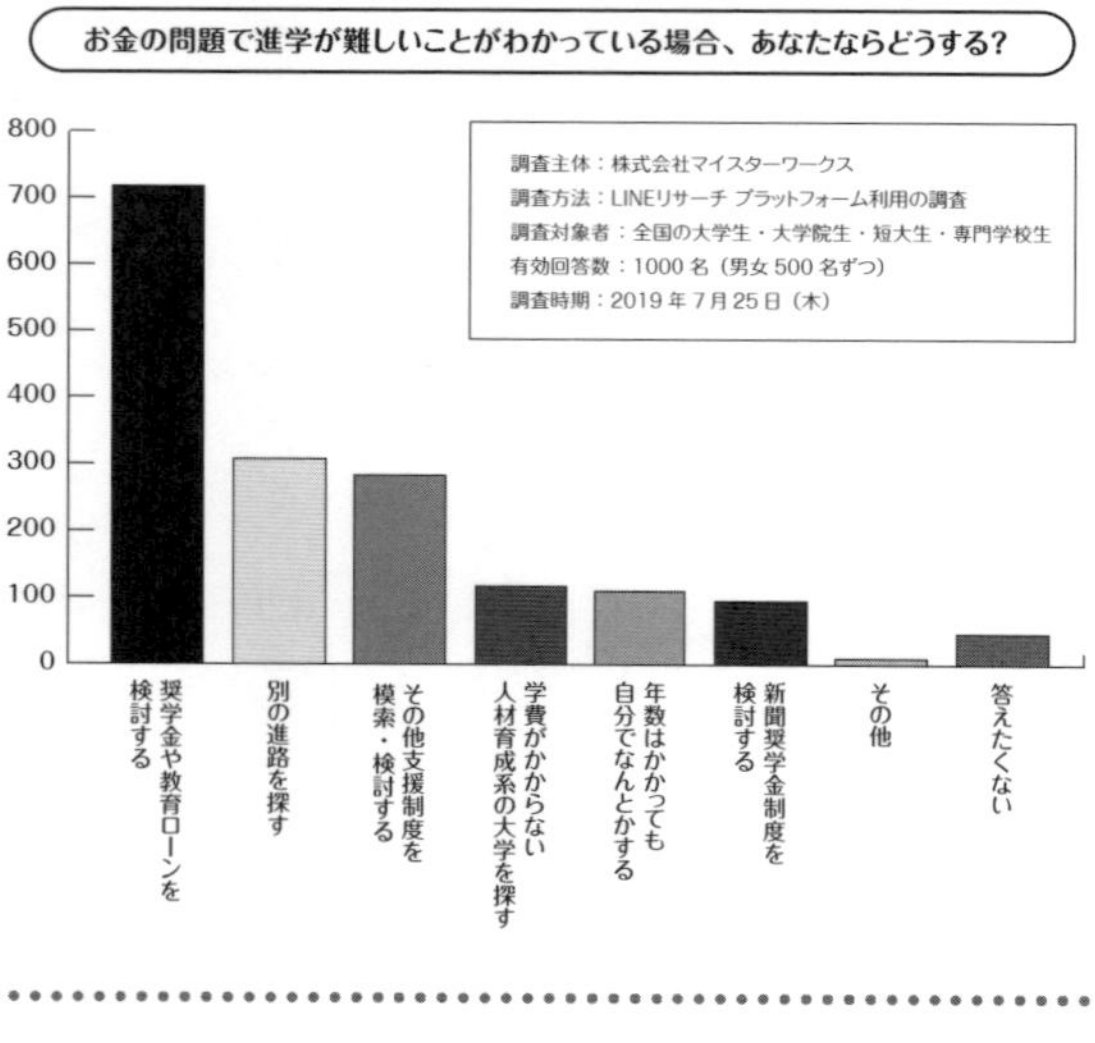

素朴な疑問編

教育資金セミナーや編集部に届くメールなどでよくご質問いただく教育資金の素朴な疑問に、本書を監修していただいているファイナンシャルプランナーの吹田朝子さん、豊田眞弓さんがわかりやすくお答えします。

Q 留学や大学院までの進学を考えるならどうすればいい？

A 資産運用もグローバルに！世界を視野に入れるなら早めの情報収集を（吹田）

日本の大学だけではなく、世界の大学を視野に入れている教育熱心なご家庭もあるでしょう。というのも、教育や研究、国際性などで評価する『THE世界大学ランキング』をみると、日本の大学はベスト10どころか、中国やシンガポールのTOP大学に差をつけられている状況だからです（2019年で100位圏内に入ったのは、東京大学（42位）と京都大学（65位）のみ）。

実際、海外の大学へ留学したり、あるいは、日本の大学でも海外の大学へ1年以上の留学経験を積ませてくれるところを選ぶと、留学中の生活費・滞在費・学費合わせて年間で数百万円～一千万円近くになるところもあるようです。文部科学省が運営する「トビタテ！留学JAPAN」や、日本学生支援機構の「海外留学支援制度」などの給付型奨学金（留学支援プログラム）を利用できる場合は、上手く活用するといいでしょう。

一方、理系の大学院などまで考えるご家庭では、大学4年間に続き、修士課程（博士前期過程）で最短2年、さらに博士課程（博士後期課程、ドクター）で最短3年くらい学費がかかる期間が延びます。就職したら初任給から水準が高いと言われますが、在学期間中は、大学時代とほぼ同レベルの費用がかかることを意識したほうがいいでしょう。

◆日ごろから世界の経済の変化に慣れていこう

留学や研究など、子供の進路をグローバルに考えたい親御さんは、まず、ご自身もグローバルな視点を持つことが何より大事です。

海外の経済動向を体感し、活かせるよう、進学資金準備も、日本円だけでなく、コツコツ積立などでも外貨建て資産運用を取り入れることをおすすめします。特に、留学の場合、進学時期が日本とは異なるので、通常の学資保険では受取のタイミングが合わないこともあります。よって、満期金やお祝い金の受取時期が決まっている学資保険ではなく、いつでも解約・換金できるような手段（一定期間たてば解約返戻金を活かせる保険や投資信託など）も検討したほうがいいでしょう。

子供の教育環境として、世界の経済や文化の違いなどを日ごろから共有することはとても大切です。言葉や歴史はもちろんのこと、実際に日本円と外貨との交換や、為替レートの変化を体感できるように、海外へ旅行したり、お小遣いも外貨で渡すといった工夫をしているご家庭もあります。お子さんも自然と外貨や経済に興味を持っていくようです。

Q 子供に懐事情を話してもいい？

A 自立心を育てるためにも、情報や意見を共有することは大事です（吹田）

よく、子供にお金のことを話すのは好ましくないという声を聞きますが、本当にそうでしょうか？

私は次の理由で、お子さんがお金のことに興味を持ちはじめたら、できるだけ、お金の話を共有したほうがいいと思っています。ただし、注意したいのは、他人と比較しないこと。そのうえで、我が家、自分の考えを共有できるといいですね。

【理由❶】生活に必要なお金を身近に感じられるようになる

大人になって、お金のことが苦手とか、管理・計算できないと自信なさげに過ごす方がいますが、よく聞くと、小さい頃からお金の話題に触れずに育った方が多いようです。お金は汚いものでもセコイものでもありません。お金は毎日の生活にも教育にも必要な道具です。お小遣いのやりとりから、将来の自分のお金まで考える貴重なステップになります。

【理由❷】子供の自立を促し、経済センスを育む

お金を身近に感じて自分で持ちたい、管理したいという意識が芽生えたらチャンスです。銀行のATMに入っても、病院の窓口で支払っても、現金や預金、健康保険証の意味など、社会のシステムを伝えられる機会にもなります。

家庭のパパ・ママのお仕事の意味や収入、今後のお金の使い道などを共有していくと、子供なりにもいろんなアイデアが出てくるでしょう。その際、「○○ちゃん（家）もやっているから」など、他所のケースを基準にするのは親子共にNGです。また、親がごまかしたり隠せば隠すほど、お子さんは固執するかもしれません。

堂々と自分たちの現状を共有し、目指すことへ一緒に解決する思考を育てるほうが、何より経済センスを育むことにつながるでしょう。

なお、60ページのコラム「志望校を選ぶにあたって、学費や親の財布事情が心配になった？」にも、当時のお子さんからみた学費に対する率直な声があります。親の経済状況をそれなりに察知して、現実的なラインかどうかを見定めているようです。

そもそものお金や社会保障などを詳しく説明する際には、「小学生でもわかる　お金にまつわるそもそも事典（C&R研究所刊）」をご参照ください。

Q やっぱりママは仕事を辞めないほうがいい？

A 時間的量より質！働くママの背中からも子供はキャッチしていています（吹田）

◆辞めずに働く女性は増えている

「三つ子の魂百まで」という諺もあり、とりわけ3歳くらいまでの幼少期は、仕事をどうするか悩むママも多いでしょう。内閣府『男女共同参画白書(平成30年版)』によると、仕事をしている女性のうち第一子の出産で退職した女性の割合は、過去の6割から最近は約47%まで減ってきています。これは、職場の理解、家庭の経済的理由、保育園や親の支援などによるところが大きいでしょうが、辞めずに続けられる選択肢が増えているのは、嬉しい傾向ですよね。

第1子出産直後のママの就業事情

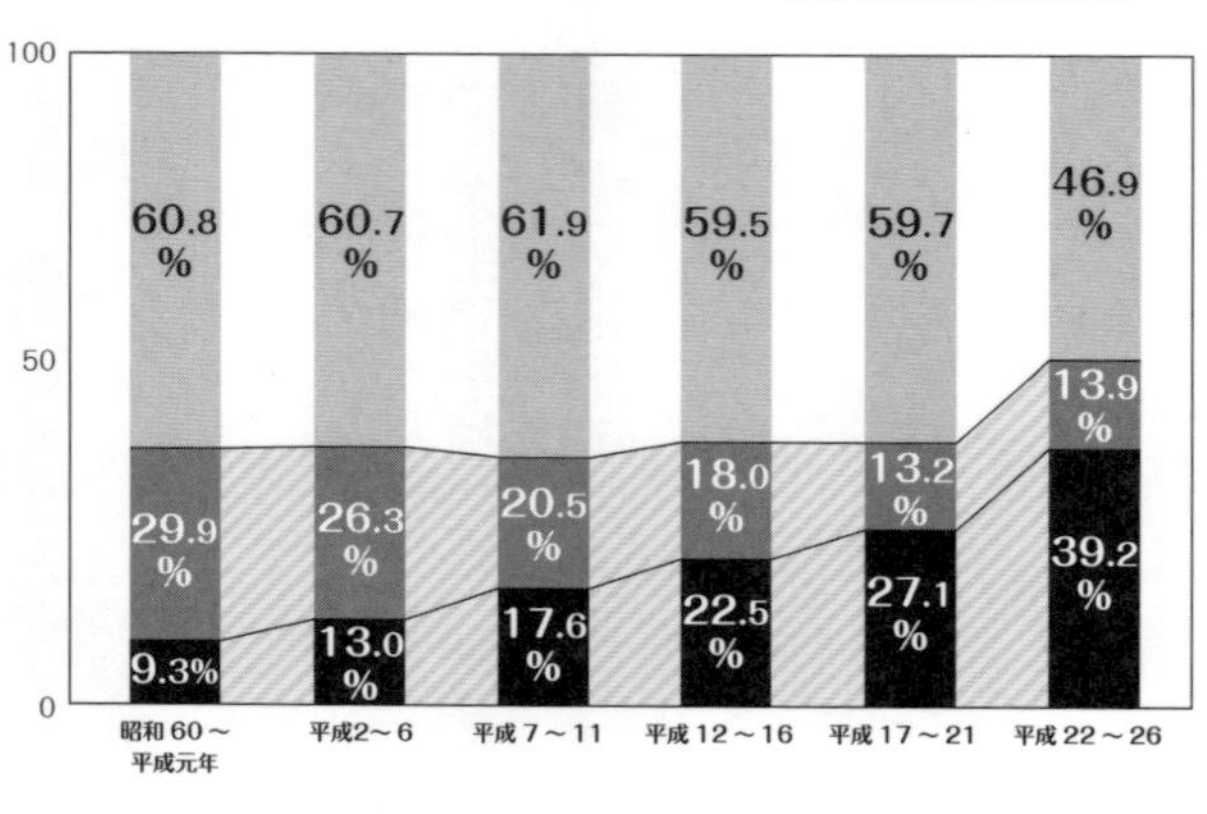

出典：男女共同参画白書 平成30年版『子供の出生年別第1子出産前後の妻の就業経歴』をもとに編集部にて作成
※%は第1子出産前有職者を100%としたときの概算

一方、「専業主婦は2億円損をする」という本が炎上したこともありますが、この2億円は、単純に大卒女性の平均的な給与が60歳まで続いた場合の生涯年収。実際の税や社会保険、お勤め用の被服費などのコストなどは加味されておらず、金額だけで測れない部分も多くあります。

◆働くのは何のため？ 一番大事なことを振り返る

そこで、大事にしたいのは、子育てする自分の幸せと家族の幸せでしょう。子供のために一日中一緒にいるのが双方にとってよいわけではありません。時間的な量よりも、寝る前の絵本や対話など質で、親子の絆を深めることは十分可能です。

自分がやりたいことを無理して抑えて、子供のためにと家庭に入ろうと頑張っても、精神的な不平や不満があると、それは子供に伝わってしまいます。夫婦喧嘩の種にもなりがちです。

まずは出産休暇や育児休業などで少し仕事と距離を持ちながら、自分にとって仕事が好きなのかどうか振り返ることが大事です。その際に、今の仕事をしてイキイキしている自分が連想できるなら、仕事を辞めずに続ける方向でパパにも協力をあおぎましょう。また、今の仕事に限定する必要はなく、別の形でやりたい仕事をするのもすてきな生き方だと思います。

子供はあっという間に大きくなります。成長して社会に出る際に、子供自身がロールモデルとするのが、まずパパとママです！ そのパパ・ママが、仕事に対してネガティブな姿勢を醸し出していると、子供も仕事に対してポジティブになりにくかったりします。自分の今の仕事と家庭の姿勢が、将来の子供にもリンクすることを忘れないでくださいね。

Q 教育資金と贈与税の関係はややこしい？

A ややこしいけれど、祖父母等から手続きなし・課税なしで資金援助を受けられることも！（吹田）

　教育資金を祖父母などから援助してもらうこともあるでしょう。その場合に年間110万円を超えてしまったら贈与税の対象になるのでしょうか？　実は、ちょっと複雑なしくみになっているのです。

◆教育資金の一括贈与にかかる贈与税非課税措置

　これは、祖父母などの直系尊属から30歳未満の孫や子等の直系卑属に対して1500万円までの教育資金の贈与が非課税になるという制度（図のA）。将来の教育資金をまとめて贈与する場合に使え、2019年までの期限が2021年3月末まで2年間延長されています。

　対象となる教育資金には2種類あり、一つは学校教育法で定められた学校等に対して支払われるお金。このなかには、幼稚園や認定こども園、保育所、小・中学校、高校、大学、外国の教育施設などが入ります。もう一つは、学校等以外に対して直接支払われるお金のうち、塾や予備校代、スポーツ・文化芸術・その他教養の向上に関する指導料、施設の使用料、またこれらで使う物品の購入費などで、こちらは上限500万円までです。

なお、延長に伴い、23歳以降対象となる教育資金に制限がつき、富裕層優遇にならないよう、受贈者の前年の合計所得金額も1000万円超の場合は適用不可となりました。実際には信託銀行などの専用口座が必要で、領収書など使途のチェックを受けること、使い切らなかったら贈与税がかかることなど、使い勝手には疑問の声も聞かれます。

◆結婚・子育て資金の非課税の特例

もう一つ、結婚・子育て資金に関する贈与に対する1000万円までの非課税制度もあります(図のB)。これは、教育資金というより、結婚や妊娠・出産・育児などの子育て資金に関して、祖父母など直系尊属からの贈与が該当します。特に、不妊治療、妊婦健診費用、分べん費

親や祖父母からの贈与

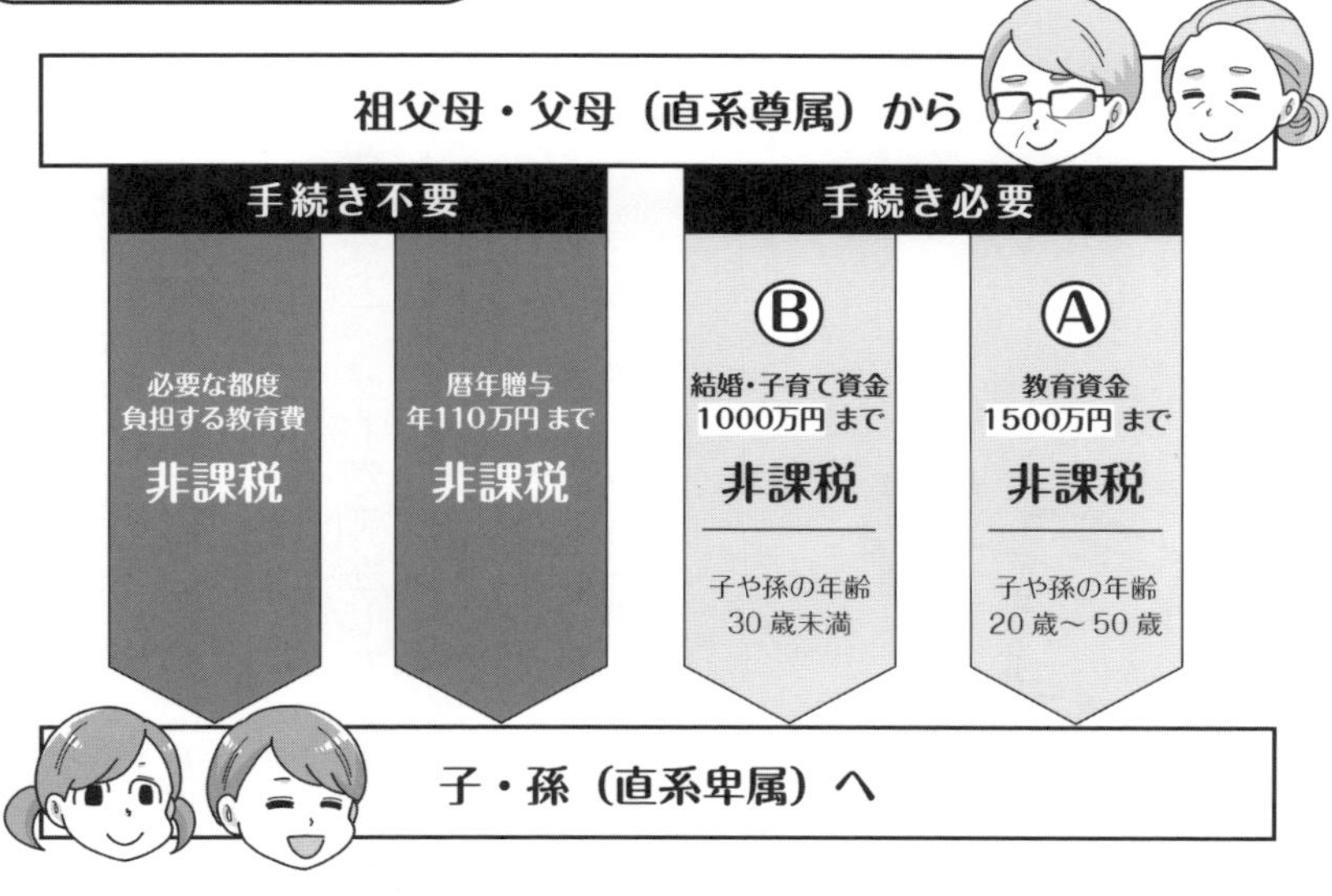

や産後ケアに要する費用から、子の医療費や幼稚園・保育所等の保育料（ベビーシッター代など）が含まれ、前述の「教育資金の一括贈与」と同様、2021年3月末まで2年間、延長されています。

◆もともと、その都度払う教育費は非課税だった

110万円までの贈与非課税のほか、2つの制度を紹介しましたが、実は、教育資金をその都度もらう分には「そんな手続きはいらない」のです。

国税庁の「贈与税がかからない場合」より、夫婦や親子、兄弟姉妹などの扶養義務者から生活費や教育費に充てるために取得した財産で、通常必要と認められるものは、贈与税がかからないとされています。なので、仮に医大に合格して、1000万円以上もの学校納付金をおじい様が学校へ振込しても、銀行窓口ですら何のお咎めもなく、スイスイ手続きできてしまうのです。

なお、贈与税がかからない財産とは、生活費や教育費として必要な都度直接これらに充てるためのものに限られます。よって、教育費の名目で贈与を受けても、それを預金したり株式や不動産などの買入資金に充てたりした場合には贈与税がかかってしまうので、ご注意を。

Q 晩産カップルが注意すべきことは?

A 三大支出と親の介護リスクに要注意!(豊田)

晩婚化の影響もあって、遅く子を持つ「晩産カップル」世帯が増えています。厚生労働省『人口動態調査(平成29年)』によると、平成29年に第一子を出産した人が最も多かったのは「三十～三十四歳」で、次が「二十五～二十九歳」。さらに「三十五～三十九歳」と続きます。「四十～四十五歳」の初産も1・9万人もいます。

晩産を経験したママは、「正直、育児期間は体力面でかなりきつかった」と誰もが言います。

反面、共働きなら経済力があることが多く、ママも仕事である程度のキャリアを積んだ後なので、精神的にゆとりを持って子育てができるメリットも。

ただし、晩産カップルならではの注意点があります。「人生の三大支出」のバランス配分です。三大支出とは、住居費、子供の教育費、老後資金です。

まず、住居費ですが、40代、50代でマイホームを取得する場合は、住宅ローンを返済しながら、子供の教育費、自分たちの老後資金準備と大きな波が重なる可能性があります。

「退職金をすべてローン残債に充てれば何とか

なる!」というような甘いローン返済プランは避けたいもの。場合によっては、マイホームのレベルを落とす必要もあるかもしれませんが、全額ではなくても、退職金は老後資金と考え、ローン返済に当て込まないことです。

次に教育資金。晩産カップルに限りませんが、子供が生まれたらすぐに積立を始めるなど、計画的な準備の必要性はこれまで説明してきたとおりです。年代的には、すでにある程度の貯蓄がある世帯も多いでしょうから、その中から、「教育資金用」の貯蓄をあらかじめ確保してしまうのも手です。

最も注意したいのは老後資金の準備です。晩産カップルの場合、住宅ローンの返済や教育費負担が重くなる時期が重なるため、意識しないでいるとついつい後回しになりがちだからです。老後もできるだけ生活水準を落としたくないと考えるならばですが、目標額は、会社員・公務員世帯なら、退職金を含め3000万円以上を目安に準備しておくと安心。自営業で公的年金が不十分な方は、ノーリタイアを目指すか、あるいは会社員よりも高めの目標を立てておきましょう。

さて、三大支出ではありませんが、40代以降は、「親の介護」も見過ごせないリスクです。介護費用自体は、原則、親自身のお金でまかなうのが一般的ですが、子供たちに頼らざるを得ない場合もあります。あらかじめ状況を確認し、兄弟姉妹で話し合って準備しておいてはいかがでしょう。幸いにも使わなかったり余ったりした場合は、自分たちの老後資金に回せばいいのです。

Q 教育費は軽減・無償化の方向へ？今後どうなる？

A 基本的には低所得世帯のみ！該当しなければ今までと変わりません（豊田）

厚生労働省が発表したデータによると、2018年の合計特殊出生率が1・42となり、3年連続で低下しました。政府が2025年度までの目標と掲げる1・8まではまだまだです。特に低所得層を対象に教育費を社会で負担しようという機運が高まり、負担軽減が進んでいます。

少子化対策と政府の「人づくり革命」により、2019年10月の消費増税をきっかけとして、増税分を財源とする幼児教育・保育の無償化や、高等教育の無償化の導入も決まりました。すでに触れた制度も含めて、改めて整理してみます。

◆幼児教育・保育の無償化（国）

2019年10月の消費増税と同時にスタート。3～5歳児の無償化では、共働き家庭やひとり親世帯が保育所、認定こども園、障害児通園施設に通う場合は無償。認可外保育施設は月3万7000円まで軽減されます。一方、専業主婦（夫）世帯の子が幼稚園に通う場合は月2万5700円まで軽減されます。0～2歳児の保育料は住民税非課税世帯のみ無償です。

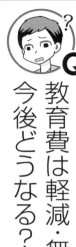

◆私立小中学校の授業料支援制度(国)

条件に合えば、年最大10万円の支援を受けられます。対象は、私立小学校、私立中学校、私立小中一貫校、私立中高一貫校の中等教育(前期課程)等に通う学生。ただし、親の年収が400万円未満で、かつ資産保有額600万円以下の世帯です。2021年度までの実証事業。

◆高等学校等就学支援金制度(国)

公立高校の年間授業料11万8800円は無料で、私立高校でも所得に応じて軽減されます。ただし、親の年収が910万円未満(親が片働きで高校生1人、中学生1人の世帯の目安)。

私立高校は所得によって加算があり、住民税非課税世帯は年額29万7000円、年収250万~350万円程度の場合は年額23万7600円、年収350~590万円程度の場合は年額17万8200円。

◆高校生等奨学給付金(自治体)

授業料以外の教科書費や学用品費、修学旅行費等の負担を軽減するため、高校生等がいる低所得世帯を対象に支援。

国の基準は、生活保護世帯で、国公立で年3万2300円、私立で年5万2600円、住民税非課税世帯は、国立で年8万2700円(第一子)、年12万9700円(第二子以降)、私立で年9万8500円(第一子)、年13万8000円(第二子以降)。自治体で制度の詳細は異なるので確認を。

◆私立高校等授業料軽減助成(自治体独自)

就学支援を受けても、私立高校の場合は負担が残ります。一定以下の所得の世帯に対し、その負担を軽減する制度がある自治体もあります（内容も名称も自治体で異なる）。

東京都は「私立高校等授業料軽減助成金制度」という名称で、都内在住（高校等は都外も可）の生徒が対象。2019年度の助成額は、「高等学校等就学支援金」と合計年45万6000円が上限。対象となる親の年収は760万円未満（片働きで、高校生と中学生の子がいる世帯の目安）。

◆高等教育無償化（国）

消費税増税による税収分と社会保障関係費を財源として、2020年4月から始まります。一定以下の所得の家庭では、大学や専門学校などの入学金や学費が免除・軽減され、生活費も支援されます。

【授業料・入学金】

国公立大で入学金約28万円＋授業料約54万円を免除、私立大で入学金約26万円＋授業料約70万円を免除。

【生活費等の給付型奨学金】

国公立大生は自宅生で約35万円、自宅外生約80万円。私立大生は自宅生で約46万円、自宅外生で約91万円の給付。

この免除＋奨学金を、住民税非課税は満額支援、年収約300万円未満で2/3、年収約380万円未満で1/3の支援を受けられます。

このように、教育費の軽減・無償化は進む傾向がありますが、一部を除いて低所得層が対象です。該当しない世帯は、しっかり準備をしておく必要があることに変わりはありません。

Q 将来の教育費、子供にも負担してもらってもいい？

A 教育資金は親子で協力し合う時代です！（豊田）

平成の中頃までは、教育費は「聖域」という考え方が主流だったように思います。どんなに親が我慢をしても、何とかして子供の教育のためのお金を捻出して、よりよい教育を受けさせたい…そう考える方は少なくなかったのではないでしょうか。しかし、平成の後期ころから、少し発想が変わってきました。教育は大切な財産ではあるものの、教育だけではなく、自分たちの老後に余力を残しておかなくてはいけないことも自覚されるようになったように思います。

教育費を青天井で使うことで、自分たちの老後にツケが回ると、結果的に子供たちに負担を負わせることにもなりかねません。人生100年時代は親自身の老後に余力を残さなくてはなりません。親が借金をしてまで教育費を捻出するくらいなら、一部は奨学金を利用してもらうなど、子供自身にも負担してもらうのです。教育資金は親子で協力し合う時代と言えます。

Q 子育てファミリーがマイホームを買うならいつがいい？

A タイミング別のメリット・デメリットあり！「あなたの場合」で考えましょう（豊田）

国土交通省『平成30年度 住宅市場動向調査』によると、初めて住宅を取得する「一次取得」の年代は戸建てもマンションも30代が多く、次に多いのが40代です。2回目の取得となる「二次取得」は60代以上が多くなっています（戸建ては40代）。

実際には、それぞれのご家庭の家族構成やライフステージ、所得、貯蓄状況、教育プランなどで購入するのに適したタイミングも違ってきます。子育てファミリー世帯が家を買うタイミング別に、メリット・デメリットを整理してみます。

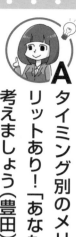

◆結婚から妊娠前に買う

結婚後、まだ妊娠していない時期に家を買うメリットとしては、保活や子育てを考慮してエリアや物件選びをしやすいことです。時間をかけて物件を見て歩くといいでしょう。

逆にデメリットは、出産後の妻の働き方が具体的に決まっていないこともあり得ることから、現実に合った予算を組みにくい点でしょう。妻が働き続ける前提で、二人で住宅ローンを組んだ後、やはり仕事を辞めることになると、住宅ローンが家計の大きな重荷になりかねません。

◆育休中に買う

子供が生まれたことで、より実感をもって家探しができるのはメリット。育休中の前半は、体力回復と慣れない育児に追われて余裕はないかもしれませんが、落ち着いてからであれば時間は取れます。

ただし、育休中に住宅ローンを二人で組む場合は、金融機関が限定されます。また、保活が始まる11月、12月までには引越しを終えておきたいものですが、妻が働き続けるつもりでいたのに、引越し先で保育園に入れないと、家計には大きな打撃となります。

◆子が乳幼児期に買う

乳幼児期に家を買うメリットは、妻の働き方も明確になっていて、予算を組みやすいでしょう。また、子育て環境や子供の教育環境などから、小学校や中学校をどこにするかなども考慮してエリアを絞り込めます。

デメリットは、お子さんが保育園児の場合、転居先の保育園に空きがなければ、保育園難民に陥る可能性があることです。現在働いていても、保育園に入れる保証はありません。

◆子が小学生の時期に買う

この時期に家を買うメリットは、妻の働き方もほぼ確定しているので、予算が現実とずれることも少ないでしょう。また、中学から私立に行かせたいと考えている場合は、通いやすいエリアへ引っ越すこともできます。

一方で、子供には友達もでき、スポーツや習い事、塾などの環境が固まり、本人が引越しを嫌がることもあります。また、お子さんが小学校低学年だと、学童保育問題が発生します。それも踏まえてタイミングやエリアを検討する必要があります。

◆子が中学・高校の時期に買う

この時期に買うということは、ケースによっては年齢が40代半ばから後半になっているはずです。ここからの住宅取得は、子供の高校・大学進学のほか、自分たちの老後なども視野に入れてエリアや物件を検討することができます。あるいは、そろそろ親の見守りが必要な時期にさしかかるため、帰省しやすいなどの条件も加味して選ぶこともできるでしょう。

この時期に買うデメリットは、老後資金の準備にいそしむべき時期と重なるため、両方を並行して進める必要があることでしょう。また、年収が高くこだわりが出る年代でもあることから、予算を高く設定しすぎてしまいがちな点には注意が必要です。

以上、ママが働き続ける場合は、やはり保育園問題を頭に置いて検討しましょう。政府は保育園の充実を打ち出していますが、エリアによっては今も待機児童が深刻なところもあります。また、受けさせたい教育に合わせてエリアを選ぶ視点も大事です。

教育資金

エピローグ

そして……

＊あらすじ＊

教育資金準備の計画から実践方法までを一通りマスターしたはずの夫婦。「今度は自分が教える番!」と、迷える子羊を見つけてアドバイスするも、「わからない」ことへの不安を解決できるのはやっぱり……。

エピローグ
そして……

20年後…
行ってきまーす!
ちょっと朝ご飯はー?
遅刻するからいい!
おはよー
いってらっしゃーい
あ 今日バイトで遅くなるからー!
ガタッ
なんだ もう学校行ったのか あいつは
なんか ゼミの教授が 厳しい人なんだって
ふ～ん
僕なんて大学じゃ遊んでた記憶しかないけどな～
あの子がアンタに似なくて本当によかったわ

行ってきまーす
行ってらっしゃ～い
ガチャ
…さて私もパートに出かける準備しなくちゃ
忙しい忙しい
でも良かったちゃんと貯金できて
あの子を希望どおり進学させてあげられて
そりゃあ余裕だったといえばウソになるけれど
あの子が大きくなっていく姿を見てたら…自然と頑張れたんだよね
バブー
入学おめでとう
カリ
カリ

エピローグ
そして……

ブッブッブ
ツブッブッブッ
ブッブッブッブッブッ
最近越してきた
新婚の奥さんね
ブツブツ
教育資金なんて…無理
一人1000万なんて…絶対無理
!
あの！
はい？
あ
確か
ご近所さんの…
あの～
余計なお世話かも
しれませんが
はぁ

教育資金のことで
お困りなんですか?
!
どどどうして
それををを
はわぁ〜
いや
そこそこ
大きな声で
口に出して
ましたけど
確かに悩んでは
いるのですが…
ほぼ初対面の方に
お話することでは…
そんな〜
ご近所さん同士ですから
助け合わないと
これでも一応
息子を大学まで
行かせることが
できましたし
フフフッ
それに
あなたくらいの頃は
私もたくさん悩んだん
ですよ〜
そうなんですか!!
それに…

エピローグ
そして……

似てるのよね あなた…
昔お世話になった あの子に
では…あのー お言葉に甘えて
どんと来い！
あと三カ月で 予定日なのですが
あら おめでとう！
双子みたい なんですよね
双子!!

一人でも大変っぽいのに単純計算で2倍だなんて
お落ち着いて
ぎゅっ
なんとかなるから
は？
双子とはいえ児童手当はちゃんと二人分出るんだし
×2
きちんとした節約体質になってコツコツ貯金と資産運用を組み合わせればなんとかなるものよ
なんとかなる…
それ子育てを経験されたママさんは口をそろえておっしゃいますが本当でしょうか？
わからないから不安しかないです
！

エピローグ
そして……

わからない…そうね
敵の正体も知らないのに
そりゃ不安だよね
敵の正体？
ええ
やっぱり
しっかりした人に
教えてもらったほうが
いいわ
子育てキャリア2000年!!
ソクラ哲の子育て相談室
子育て
キャリア
2000
子育て相談
ソクラ
子育て
哲の
相談室
「私じゃ完璧には
説明できないから」って
ここを案内されたけど
大丈夫かな
この相談所
2000年…？
きっと
「話して
よかった」って
思うわよ
せっかく勧めて
くださったんだし
入るだけ入ってみるか
ソクラ
育て
哲の
相談
すみませーん！

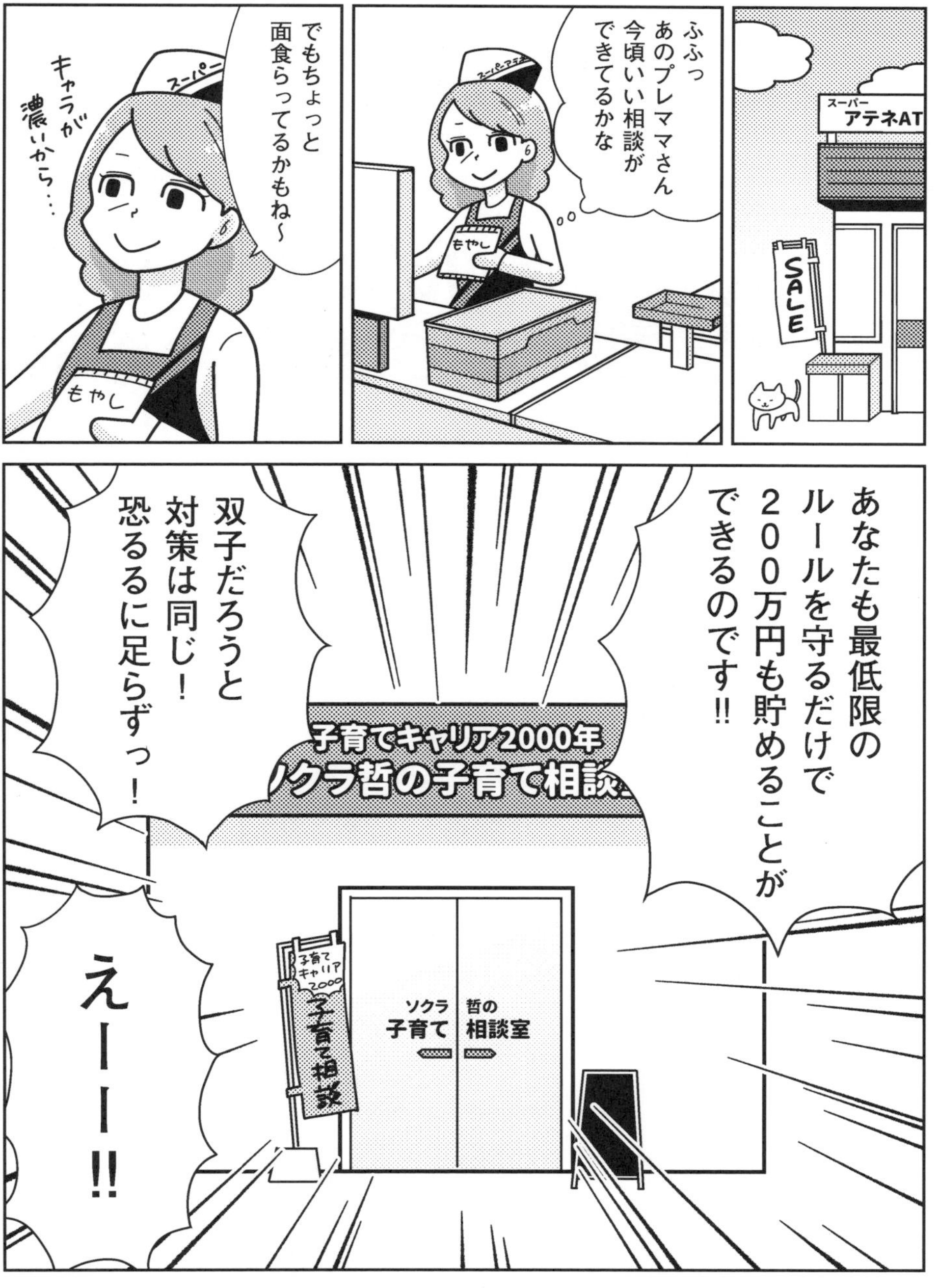
スーパー
アテネAT
SALE
ふふっ
あのプレママさん
今頃いい相談が
できてるかな
もやし
でもちょっと
面食らってるかもね～
キャラが濃いから…
もやし
あなたも最低限の
ルールを守るだけで
200万円も貯めることが
できるのです!!
双子だろうと
対策は同じ！
恐るるに足らずっ！
子育てキャリア2000年
ソクラ哲の子育て相談
子育てキャリア2000
子育て相談
ソクラ哲の
子育て相談室
えーー!!

監修者紹介

吹田 朝子 suita tomoko

人とお金の理想的な関係を追求するお金のメンタリスト®。金融系仕事歴 30 年（うちフリー歴 25 年)、結婚歴 27 年、子育て歴 24 年、ダンス歴 10 年（うち夫婦ダンス歴 5 年)。自らの経験および 3300 世帯以上もの家庭のお金の相談を受け続け、お金と人間関係に悩む女性や夫婦のサポートに力を入れている。結婚・妊娠・出産・子育てや転職・住宅、そして親の介護など、様々な人生イベントを含み、夫婦の稼ぎ方からお金の使い方、受け取り方、増やし方、守り方を伝授している。2018 年、お金と楽しく笑顔いっぱいの毎日を過ごす人を 1 人でも増やそうと、ぜにわらい協会を創設。近著に「9 割の人が気がつかない保険のヒミツ」「お金オンチの私が株式投資を楽しめるようになった理由」「お金にまつわるそもそも事典」「お金の流れをきれいにすれば 100 年人生は楽しめる！」など多数。

ぜにわらい協会 http://zeniwarai.jp/

豊田 眞弓 toyoda mayumi

ファイナンシャルプランナー、住宅ローンアドバイザー。1994年より独立系FPとして活動。「人生転機のマネー術」「家計のリスク管理」を大テーマに置き、個人相談、セミナー、寄稿・監修、講師など幅広く活動している。総合情報サイト「All About」教育費・奨学金ガイド、教育費と子どもの金融教育を考える「子どもマネー総合研究会」会長を務める。短大では学生に生活経済を教えている（非常勤講師)。「親の入院・介護が必要になるときいちばん最初に読む本」（アニモ出版)、「赤ちゃんができたら考えるお金の本」（ベネッセ、ムック本、一部監修）など著書多数。座右の銘は「今日も未来もハッピーに！」。

FP ラウンジ https://happy-fp.com/

子どもマネー総合研究会 https://oyako-kintore.jp/

■著者紹介

保険《ほけん》ソクラテス《そくらてす》編集部《へんしゅうぶ》（原作・文＝コウカ 作画＝沢砥 遥）

保険選びの情報サイト「保険ソクラテス」編集部。「保険をもっとわかりやすく。」をコンセプトに運営する傍ら、2019年、子供の教育資金の相談ができる専門サイト「教育資金ソクラテス」もオープン。給与が右肩上がりでなくなったこの時代、教育費を安定的に捻出するのは厳しくなるという考えから、家計改善や資産形成という観点からサポートしている。本書籍「マンガでわかる 赤ちゃんができたら知っておきたい 教育資金の本」は、1日でも早く教育資金を貯めていくことが大切との想いで執筆。

寄稿に、PRESIDENT（プレジデント）2014年12.1月号「おとなの学習マンガ 保険の『超』基本7」、2015年9.14号「【マンガで学ぶ】レベル別英語最速上達マップ」、2015年11.16月号「《困った相手別》賢い人間関係テクニック」。サイト内では「ソクラ哲の弁明 ～新人生保レディと学ぶ保険のいろは」を連載中。

◆保険ソクラテス　https://hokensc.jp/
◆教育資金ソクラテス　https://hokensc.jp/soudan/kodomo/

編集担当 ： 西方洋一 / カバーデザイン：秋田勘助（オフィス・エドモント）

マンガでわかる
赤ちゃんができたら知っておきたい 教育資金の本

2019年11月1日　初版発行

著　者	保険ソクラテス編集部
監修者	吹田朝子、豊田眞弓
発行者	池田武人
発行所	株式会社　シーアンドアール研究所 新潟県新潟市北区西名目所 4083-6（〒950-3122） 電話　025-259-4293　FAX　025-258-2801
印刷所	株式会社　ルナテック

ISBN978-4-86354-290-7 C2037